Lexifac
DROIT

Droit fiscal

Jean-Raphaël Pellas
Docteur en droit,
chargé d'enseignement
à l'université Paris-Saclay

Bréal
by Studyrama

ISBN 978 2 7495 5055 8

AVANT-PROPOS

Au cœur des démocraties occidentales, le prélèvement fiscal est objet d'interrogations sur son devenir. Dans cette perspective, il est déterminant de resituer les fondements et les procédures mises en œuvre pour consentir à l'impôt : il s'agit à la fois d'identifier la nature juridique de l'impôt et d'analyser méthodiquement ses fonctions dans le cadre d'une redistribution des richesses.

Privilégiant une perspective rigoureuse, cet ouvrage s'attache à décrire les principaux impôts mais également à présenter les réponses législatives et réglementaires aux diverses formes d'évitement de l'impôt.

Enfin, dotée d'outils numériques, l'administration fiscale est devenue prestataire de services. C'est donc tout l'intérêt de l'analyse détaillée des procédures fiscales qui vient compléter des explications illustrées par des exemples concrets.

Ce livre expose sous forme de fiches les thèmes majeurs de la discipline. Sa présentation claire et structurée poursuit un triple objectif :

- fournir une synthèse du cours en faisant ressortir les notions essentielles ;

- assurer une préparation efficace aux examens en donnant aux étudiants la possibilité d'actualiser leurs connaissances ;

- favoriser une consultation rapide sur un point particulier grâce à une mise en page qui rend plus facile le repérage d'une définition ou d'une référence.

Sa rédaction a été confiée à Jean-Raphaël Pellas, docteur en droit de l'université Panthéon-Sorbonne et chargé d'enseignement à l'université Paris-Saclay. Ses recherches portent principalement sur le droit fiscal des affaires et le droit fiscal de la culture.

Christophe Sinnassamy,
directeur de la collection « Lexifac droit ».

SOMMAIRE

INTRODUCTION
LA NOTION D'IMPÔT

PARTIE I
LE SYSTÈME FISCAL FRANÇAIS

Titre I : Les sources du droit fiscal

Chapitre 1 – Les sources internationales et communautaires

Chapitre 2 – Les sources constitutionnelles et légales

Chapitre 3 – Les sources réglementaires

Titre II : Les techniques juridiques d'établissement de l'impôt

Chapitre 1 – L'assiette de l'impôt

Annexe

INTRODUCTION

LA NOTION D’IMPÔT

LES DIFFÉRENTES CATÉGORIES D'IMPOSITION

1

I. DÉFINITION DES TAXES

A. L'existence d'une contrepartie

1. Le bénéficiaire de la taxe

La taxe peut être définie comme la somme exigée en contrepartie des prestations offertes par un service public déterminé ou pour l'usage d'un ouvrage public. En raison d'une contrepartie, la taxe est supportée par celui qui en bénéficie. Ainsi, bien que payée par un propriétaire bailleur, la taxe d'enlèvement des ordures ménagères est répercutée sur un locataire auprès de qui cette taxe incombe.

2. Le caractère obligatoire de la taxe

Néanmoins, il n'y a pas (à la différence des redevances) d'équivalence financière entre le montant de la taxe et la valeur du service rendu. On peut dès lors considérer que le critère de la taxe réside dans son caractère obligatoire par opposition au caractère facultatif des redevances. Le caractère obligatoire de la taxe correspond à une condition d'accès à un service public ou à l'utilisation de l'ouvrage public. Tel est le cas de la taxe due par les entreprises de transport public maritime de passagers vers des espaces protégés, ou de la contribution à l'audiovisuel public qui reste indépendante de l'utilisation effective du service.

3. Le régime juridique de la taxe

Les taxes fiscales ne constituent pas une catégorie juridique distincte dans la mesure où elles sont soumises au même régime juridique que les impôts. La jurisprudence du Conseil d'État assimile la taxe à une imposition à l'instar de la taxe d'enlèvement des ordures ménagères.

B. Les taxes affectées

1. Les anciennes taxes parafiscales

Les taxes parafiscales constituaient un ensemble de prélèvements obligatoires entrant dans la catégorie des impositions. Comme l'impôt, la taxe parafiscale était obligatoire. Les contributeurs y sont assujettis dès lors qu'ils sont susceptibles de bénéficier des actions financées par le produit de la taxe. Comme l'impôt, la taxe parafiscale ne comportait en principe aucune contrepartie directe, immédiate et proportionnelle pour le redevable, ni même parfois de contrepartie indirecte. Mais au contraire de l'impôt, la taxe parafiscale était nécessairement affectée et ne pouvait être perçue qu'au profit d'organismes privés ou d'établissements publics industriels et commerciaux.

2. Le régime juridique des taxes parafiscales

En vertu de l'article 2 du décret du 30 octobre 1980, les taxes parafiscales étaient établies par décret en Conseil d'État pris sur le rapport du ministre des Finances et des ministres intéressés, et contresigné par le ministre de l'Économie. L'institution de ces taxes relevait donc du pouvoir réglementaire, à la différence des impôts.

3. Le renouveau des taxes affectées

À la suite de la loi organique relative aux lois de finances (LOLF) en 2001, les taxes affectées ont pris le relais des taxes parafiscales. Cette disparition s'est traduite, au cas par cas, par leur rebudgétisation ou leur suppression, généralement compensée par une dotation budgétaire, ou, dans le secteur agricole, par leur transformation en cotisations dites « volontaires obligatoires » (CVO).

II. DÉFINITION DES REDEVANCES POUR SERVICES RENDUS

A. La notion de contrepartie proportionnelle

1. Le caractère facultatif de la redevance

La redevance n'est due que par les usagers qui utilisent effectivement le service ou l'ouvrage public dont ils disposent. Bien que la redevance présente un caractère facultatif en ce sens que la collectivité publique peut décider de financer certains services publics par l'impôt ou par la redevance, l'usager ne peut pas refuser le paiement d'une redevance dont il est bénéficiaire.

2. La fixation du tarif

Le tarif est fixé unilatéralement par la collectivité publique à l'origine du service public ou de l'ouvrage public. Il n'est pas établi de manière discrétionnaire mais en fonction d'un principe d'équivalence financière ou de proportionnalité entre le montant de la redevance et le coût réel du service rendu, mais aussi compte tenu de la valeur économique de la prestation pour ses bénéficiaires.

B. Le régime juridique des redevances

1. La modulation du tarif

La modulation tarifaire repose sur un principe d'égalité des usagers. Néanmoins, des discriminations sont justifiées si elles répondent à des situations différentes ou à des motifs d'intérêt général. Le revenu est devenu un motif d'intérêt général conditionnant l'accès de tous aux services publics. Quant à la tarification différenciée en fonction du domicile (usagers-habitants/autres usagers), elle est possible pour les services publics non obligatoires.

2. La gratuité des services publics locaux

La gratuité de certains ouvrages d'art a suscité des interrogations au regard du principe d'égalité. Une collectivité publique peut fixer un tarif différencié en fonction de l'immatriculation des véhicules dans le département concerné par l'ouvrage d'art.

III. DÉFINITION DES COTISATIONS SOCIALES

A. L'existence d'une contrepartie directe

1. Le droit à prestations

Bien que ces prélèvements soient obligatoires et constituent des ressources publiques au sens de l'article 40 de la Constitution, les cotisations sociales comportent des contreparties directes. Selon une jurisprudence constante du Conseil constitutionnel, le critère de la cotisation sociale réside dans le lien entre l'obligation de cotiser et le droit à prestation quelle que soit la branche concernée.

2. Les prélèvements sociaux de nature fiscale

Le foisonnement des prélèvements sociaux de nature fiscale obscurcit la distinction. Ainsi, la Cour de justice de l'Union européenne est intervenue pour assujettir au règlement européen des régimes de Sécurité sociale, la cotisation sociale généralisée, alors qu'en droit interne, il s'agit d'une imposition de toute nature. Il en découle en droit communautaire un principe d'unicité d'assujettissement aux régimes de Sécurité sociale.

B. Le régime juridique des cotisations sociales

1. La compétence de principe du législateur

En matière d'impôts, le législateur est compétent pour fixer les règles concernant l'assiette, le taux et les modalités de recouvrement des impositions de toutes natures. Sa compétence est plus étendue qu'en matière de cotisations sociales.

2. La compétence d'application du pouvoir réglementaire

Selon l'article 34 de la Constitution, le rôle du législateur en matière de cotisations sociales est cantonné aux principes fondamentaux de la Sécurité sociale et à la détermination des conditions générales de l'équilibre financier des caisses de Sécurité sociale. En réalité, la seule distinction réside dans le fait que le législateur n'est pas compétent pour fixer le taux des cotisations qui relève du pouvoir réglementaire.

LA DÉFINITION JURIDIQUE DE L'IMPÔT

2

I. LA NOTION DE PRÉLÈVEMENT PÉCUNIAIRE

A. Le recouvrement de l'impôt

1. Le paiement en numéraires

Le paiement de l'impôt est effectué en argent. Dans sa forme moderne, la loi a rendu progressivement obligatoire le paiement des impôts directs et locaux supérieurs à 300 €, de manière dématérialisée (prélèvement à l'échéance ou prélèvement mensuel ou bien encore paiement en ligne).

2. Le paiement en nature

Dans sa forme archaïque, le paiement de l'impôt pouvait être effectué en nature au gré du contribuable. Tel était le cas de la taxe de prestations pour l'entretien des chemins vicinaux. En 1776, Turgot supprimait la corvée royale des routes, remplacée par un impôt universel. L'Empire puis la Restauration réintroduisent la corvée des chemins vicinaux ou prestation en nature, contribution de travail convertible en argent. Cette taxe sera abandonnée le 1er janvier 1974.

3. La dation en paiement

Dans sa forme contemporaine, le paiement par remise d'œuvres d'art ou dation en paiement est autorisé pour s'acquitter des droits de donation, de succession, de partage et de l'impôt sur la fortune immobilière (IFI). La dation en paiement a été étendue par la remise d'immeubles situés dans les zones d'intervention du conservatoire de l'espace littoral et des rivages lacustres au profit de l'établissement public éponyme.

B. Le caractère définitif de l'impôt

1. La restitution encadrée de l'impôt

Par principe, l'impôt ne peut faire l'objet d'une restitution que s'il est légalement établi. Dans le cas contraire, le contribuable peut demander, sous réserve de respecter des conditions de temps, la décharge, la réduction ou la restitution de l'impôt prélevé à tort.

2. La nature d'un emprunt forcé

Ce caractère définitif permet de le distinguer de l'emprunt forcé tel qu'institué en France en 1983. Cet emprunt d'une durée de trois ans était obligatoirement souscrit par les redevables de l'impôt sur les grandes fortunes (IGF) et ceux dont la cotisation d'impôt sur le revenu (IR) excédait 5 000 F.

3. L'annulation d'un impôt

Il existe des exceptions au caractère définitif de l'impôt. Tel est le cas de la TVA qui a été perçue à l'occasion de ventes ou de prestations de services qui sont ultérieurement résiliés ou annulés, ou bien encore lorsque les créances correspondantes sont devenues définitivement irrécouvrables. Il faut alors annuler la facture initiale.

II. LE CARACTÈRE OBLIGATOIRE DE L'IMPÔT

A. Le pouvoir de contrainte de l'administration

1. Les exonérations fiscales

De nombreuses exonérations ont été instituées en vue de favoriser un investissement économique et sont constitutives d'autant d'exceptions au principe. Ces exonérations ne s'appliquent pas de plein droit. Encore faut-il en demander le bénéfice et respecter les conditions d'éligibilité.

2. Le caractère gracieux de l'impôt

À titre gracieux, il est possible d'obtenir une décharge de l'imposition en fonction des conditions particulières d'indigence du contribuable. En outre, depuis le 1er janvier 2008, pour des raisons de justice fiscale, chacun des époux ou des partenaires liés par un pacte civil de solidarité (Pacs) dont la responsabilité est mise en jeu peut adresser à l'administration une demande en décharge de son obligation légale de paiement. Cette procédure de décharge vient tempérer le principe de solidarité fiscale d'un foyer imposable.

3. Les taxes locales facultatives

La perception d'un impôt local peut être subordonnée à une délibération d'un organe territorial. Ces taxes facultatives dont le champ communal est prédominant concernent notamment la taxe sur l'électricité, la taxe sur les remontées mécaniques, la taxe locale sur la publicité extérieure, la taxe de séjour et de nombreuses taxes d'urbanisme.

B. La mise en œuvre des prérogatives de puissance publique

1. Le droit commun des saisies

Les comptables publics chargés du recouvrement de l'impôt ont la faculté d'utiliser les procédures de droit commun qui demeurent dans l'attente d'un jugement définitif, conservatoires. Il peut s'agir d'une saisie-attribution comme d'une saisie immobilière. La saisie-attribution ne permet de saisir entre les mains d'un tiers que des sommes d'argent tandis que la saisie immobilière applicable aux immeubles et accessoires est poursuivie, en principe, contre le débiteur lui-même, voire les codébiteurs solidaires.

2. L'avis à tiers détenteur

Les comptables publics chargés du recouvrement de l'impôt peuvent néanmoins user d'une procédure spécifique : l'avis à tiers détenteur. Il s'agit d'une mesure de poursuite, au formalisme simplifié, propre à l'administration fiscale. Le tiers saisi dispose d'un délai de deux mois pour procéder au versement des sommes saisies auprès du service des impôts ou du pôle de recouvrement spécialisé.

III. L'ABSENCE DE CONTREPARTIE DE L'IMPÔT

A. L'irruption des prélèvements sociaux

1. La nature contributive des cotisations sociales

Traditionnellement, la qualification de cotisations sociales relève de prélèvements obligatoires qui ouvrent droit en contrepartie à des prestations et avantages servis par les régimes de Sécurité sociale. Le Conseil constitutionnel a rappelé en 2014 que le système français de Sécurité sociale a une nature « contributive » ou « assurantielle » refusant ainsi toute progressivité au titre des cotisations sociales. À l'opposé, des impôts ne sont pas assortis d'une contrepartie individualisable.

2. La cotisation sociale généralisée

Le brouillage de ces catégories de prélèvements obligatoires tient pour l'essentiel à la structure du financement de la protection sociale. Ainsi, la contribution sociale généralisée (CSG), créée en 1990, dont le produit « est destiné à l'allégement à due concurrence des prélèvements actuellement affectés à la Sécurité sociale », n'a aucune fonction contributive. La CSG est en fait une imposition de toute nature.

3. La fiscalité comportementale

L'affectation d'impôts aux organismes de Sécurité sociale ne crée pas pour autant de contrepartie individualisable au profit des contribuables. Dans le cadre d'une fiscalité comportementale, le législateur a souhaité créer des taxes qui affectent certains biens (alcools, tabac) porteurs de risques pour la santé publique. La fiscalisation croissante de la protection sociale est un phénomène récent. En 2017, les impôts et taxes affectés représentaient seulement 32,2 % des recettes de la Sécurité sociale, contre 1,7 % en 1980.

B. L'existence de contreparties individualisables

1. Les fausses qualifications

Il faut tout d'abord écarter les fausses qualifications textuelles qui traitent des prélèvements obligatoires de redevances alors qu'il s'agit d'impositions. Ainsi, les redevances sur l'eau et les milieux aquatiques comportent des contreparties indirectes du fait de l'affectation de l'impôt au financement d'ouvrages dans l'intérêt des redevables.

2. Les taxes d'urbanisme

Dans le cadre des politiques publiques d'urbanisme, de nombreuses taxes représentent une participation des redevables aux dépenses d'équipements publics auxquelles sont exposées les collectivités territoriales. Il en est ainsi de la taxe d'aménagement (2012) ou bien encore de la redevance d'archéologie préventive (2004) qui constituent au demeurant un élément du prix de revient de l'immeuble. Certains auteurs traitent ces participations d'impositions quasi fiscales.

LES FONCTIONS DE L'IMPÔT

3

I. LA FONCTION BUDGÉTAIRE : LA COUVERTURE DES DÉPENSES PUBLIQUES

A. Le caractère productif de l'impôt

1. L'exigence constitutionnelle d'une contribution commune

L'article 13 de la Déclaration des droits de l'homme et du citoyen (DDHC) dispose : « Pour l'entretien de la force publique, et pour les dépenses d'administration, une contribution commune est indispensable : elle doit être également répartie entre tous les citoyens, en raison de leurs facultés. » L'impôt dont le caractère définitif est affirmé a donc, comme corollaire de l'objectif financier, la répartition des charges publiques. Celle-ci dépend de l'impératif de rendement de l'impôt mais également de ses modalités de répartition.

2. Les coûts de gestion de l'impôt

La rationalisation des coûts de gestion de l'impôt est souvent critiquée par la Cour des comptes ou par l'Inspection générale des finances qui constatent un défaut d'efficience. Si les coûts de gestion ne sont que l'un des paramètres à prendre en compte dans les réformes fiscales, ils deviennent progressivement un critère de refonte de la norme fiscale et sociale.

3. La lutte contre l'évasion fiscale

Corrélativement, la politique fiscale de ces deux dernières décennies a démultiplié les outils de lutte contre l'évitement fiscal. Il s'est agi d'une collaboration accrue des États en vue d'établir une plus grande transparence du contribuable, mais également d'accentuer une politique répressive en autorisant une flagrance fiscale, en créant une police fiscale et en aggravant les sanctions pénales.

B. Le consentement à l'impôt

1. Les conceptions de l'impôt

Par essence relatif, le concept de justice fiscale varie en fonction des mutations de l'État. Ainsi, la conception de l'impôt-échange prédominant au XIXe siècle implique que le prélèvement soit proportionnel aux ressources des contribuables et coïncide avec l'enracinement d'un État gendarme tandis que la conception de l'impôt-solidarité au miroir d'un État providence au XXe siècle suppose une personnalisation de l'impôt en fonction des facultés contributives des ménages.

2. La capacité contributive du citoyen

L'impôt n'est donc pas lié aux avantages que tirent les citoyens de l'action publique, ni à l'appréciation individuelle de la capacité de chacun à prendre en charge les besoins de financement de l'État. La capacité contributive dépend des revenus du foyer fiscal.

3. Le consentement de l'impôt par une fonction incitative

Ce lien exclusif entre l'impôt et la fonction budgétaire a longtemps été la traduction du principe de neutralité de l'impôt, c'est-à-dire d'une supposée absence de distorsion du marché par l'impôt. Toutefois, l'extension continue des fonctions assignées à l'État a conduit les pouvoirs publics à instrumentaliser l'impôt au fur et à mesure d'un interventionnisme social et économique. C'est à partir de la décision n° 2000-441 DC du 28 décembre 2000 que le Conseil constitutionnel a reconnu la validité de la fonction incitative de l'impôt.

II. LA FONCTION SOCIALE : LA REDISTRIBUTION DES REVENUS

A. L'action sociale par l'impôt

1. La fiscalisation de la santé publique

De manière récurrente, la lutte contre les fléaux sociaux, désormais désignés sous le sceau de « lutte contre les maladies et dépendances » au titre desquelles figurent les politiques de lutte contre l'alcoolisme, le tabagisme, et plus récemment l'obésité, constituent des objectifs prioritaires au même titre que la consolidation d'une sécurité sanitaire « environnementale » et la rationalisation des dépenses de santé. Ainsi, la taxation de l'alcool et du tabac est un élément constitutif d'une politique de santé publique à laquelle on peut rattacher la création en France d'une taxe générale sur les activités polluantes en l'an 2000 et d'une taxe carbone en 2014.

2. Les externalités négatives de l'impôt

Ces taxes comportent néanmoins des effets négatifs à raison des « externalités » induites. L'objectif d'une taxe « pigouvienne » est d'inciter chaque agent économique à prendre en compte l'externalité que son activité fait peser sur les autres. Dans cette perspective, la fiscalité attenante à la santé publique est tantôt dissuasive en taxant par des accises des produits dangereux, tantôt persuasive pour orienter le comportement des personnes vers des produits dotés de vertus salutaires.

B. L'impératif de justice fiscale

1. La justice distributive ou redistributive ?

L'une, distributive, repose sur le postulat que les richesses doivent être réparties proportionnellement aux mérites de chacun. Les impôts de consommation répondent à ces objectifs. L'autre, redistributive, implique de réduire les inégalités de revenu ou de capital au travers d'une redistribution des richesses par l'impôt. Selon cette optique, l'impôt est nécessairement progressif et personnalisé. Les facultés contributives du contribuable deviennent alors l'étalon de cette conception. À l'instar de l'IR au titre des bénéfices industriels et commerciaux supporté par des personnes physiques, l'impôt sur les sociétés (IS) créé en 1948 a eu pour objectif premier de taxer l'enrichissement des personnes morales « opaques ».

2. La fonction redistributive de l'impôt

Cette fonction de redistribution des richesses suscite de vives critiques. Outre le fait que les « niches fiscales » se sont démultipliées d'année en année, le constat peut également être dressé d'une réduction de l'espace occupé par les impôts progressifs. En outre, le Conseil des prélèvements obligatoires a démontré en 2015, dans son rapport relatif à la TVA, le faible impact redistributif de la TVA. Certaines impositions à taux réduits ont une visée incitative plutôt que redistributive. Ainsi, les taux réduits à visée proprement redistributive portent sur des catégories de biens ou services trop larges pour bénéficier aux seuls ménages modestes

III. LA FONCTION ÉCONOMIQUE : LA RÉGULATION CONJONCTURELLE

A. L'instrumentalisation de l'impôt

1. La sensibilité de l'impôt

Traditionnellement, l'impôt est perçu comme un moyen d'action sur la conjoncture. La sensibilité des impôts à l'activité économique dépend du type d'impôt et de la technique du prélèvement fiscal. L'IR est sensible à l'activité économique puisque celle-ci se traduit par une distribution des salaires et des dividendes. Toutefois, cette sensibilité est affectée par son mode d'évaluation selon qu'il s'agit d'un mode réel, forfaitaire ou indiciaire.

2. La politique fiscale au soutien du marché

Les politiques de soutien à la création d'entreprises ont commencé à être développées par les pouvoirs publics après le premier choc pétrolier en 1974, dans le cadre de la lutte contre le chômage. Il s'agissait certes de réduire le nombre de chômeurs en les faisant créer leur propre emploi, mais également de développer les entreprises innovantes aptes à assurer la relève et le dynamisme du tissu économique. La fiscalité s'efforce d'encourager les investissements des entreprises, clé de voûte de la compétitivité. L'incitation à l'investissement peut aussi se faire par des amortissements lissés dans le temps. La fiscalité des investissements est également susceptible de prendre la forme de crédit d'impôt. En matière d'innovation, les incitations fiscales représentent plus de deux tiers des 10 milliards d'euros d'aides à cette politique publique. En particulier, le crédit d'impôt recherche (CIR) instauré en 1983 a été étendu en 2013 aux dépenses d'innovation des petites et moyennes entreprises (PME).

3. La politique fiscale en période de crise

En période de crise financière, l'État privilégie des plans de relance de nature à reconstituer la trésorerie des entreprises (le remboursement anticipé des créances fiscales, les mesures fiscales d'incitation à l'investissement et l'étalement de l'impôt, voire sa modulation), mais également le pouvoir d'achat des ménages.

B. L'attractivité fiscale du territoire

1. La notion d'attractivité fiscale

L'attractivité du territoire français par l'impôt devient emblématique de l'infiltration d'une pensée managériale du territoire-ressource. Dans son rapport consacré à la concurrence fiscale de l'entreprise, le Conseil des impôts constatait en 2004 que la stratégie de défense de l'attractivité du territoire de la France apparaît en décalage avec les réformes conduites dans les autres pays. La France est ainsi le seul pays à avoir accru les taux nominaux de l'IS, l'imposition des plus-values et l'imposition du patrimoine depuis le milieu des années 1990.

2. Un enjeu de compétitivité de l'entreprise

De ce fait, l'attractivité fiscale devient un enjeu des politiques de développement économique. La réforme de l'impôt sur les sociétés (IS) cherche à améliorer la compétitivité des entreprises. Le taux français, qui s'est jusqu'à présent maintenu au-dessus de la médiane de la zone euro (25 %), devrait la rejoindre en 2022 compte tenu des réformes introduites par les lois de finances pour 2017 et suivantes. Il s'est également agi d'alléger la fiscalité des entrepreneurs. Toutefois, les taxes sur la production suscitent des critiques, notamment au regard de la contribution économique territoriale (CET).

PARTIE I

LE SYSTÈME FISCAL FRANÇAIS

TITRE I

LES SOURCES DU DROIT FISCAL

LES CONVENTIONS FISCALES INTERNATIONALES 4

I. LES CONVENTIONS FISCALES BILATÉRALES

A. L'objet des conventions fiscales bilatérales

1. La coopération fiscale entre les États

À l'issue de la Première Guerre mondiale, une coopération fiscale entre les États s'est progressivement mise en place sous l'égide de la Société des nations (SDN) puis de l'Organisation des Nations unies (ONU) et enfin de l'Organisation de coopération et de développement économiques (OCDE) afin de limiter les doubles impositions économiques. Il s'agit pour l'essentiel de déterminer le pouvoir de juridiction fiscale de chacun des États concernés. La définition des doubles impositions et les méthodes pour les éliminer constituent le cœur du dispositif.

2. Les doubles impositions économiques

On distingue les conventions fiscales relatives aux revenus, plus-values, qui sont les plus nombreuses, auxquelles on rattache l'imposition sur la fortune. Les conventions fiscales relatives aux successions, et *a fortiori* aux donations, ne représentent pas un intérêt prioritaire pour les États. Elles sont donc les moins nombreuses.

3. Les zones frontalières

Certaines conventions fiscales bilatérales comportent des accords spécifiques pour les travailleurs transfrontaliers, notamment pour déterminer le lieu de leur imposition au titre des activités transfrontalières. Ces accords amiables avec l'Allemagne, la Belgique et la Suisse ont été révisés dans le contexte de l'épidémie de Covid 19.

B. L'interprétation des conventions fiscales bilatérales

1. La ratification des conventions par le Parlement

La ratification des conventions fiscales exige l'intervention d'une loi dès lors qu'elle engage solennellement l'État, et plus particulièrement les finances de l'État au sens de l'article 53 de la Constitution. Les contrôles juridictionnels de la conformité des engagements internationaux demeurent restreints.

2. Le caractère supérieur mais subsidiaire des conventions

Aux termes de l'article 55 de la Constitution, les traités ont une autorité supérieure aux lois sous réserve de réciprocité. Toutefois cette règle doit se combiner avec l'interprétation des conventions fiscales. D'une part, le juge de l'impôt examine en priorité le droit interne. Toutefois, la violation d'une telle convention par l'administration peut être soulevée même d'office par le juge de l'impôt. D'autre part, en raison des dispositions par nature limitées de ces conventions (éviter les doubles impositions), c'est un principe de subsidiarité qui s'applique dans la mesure où une convention ne peut pas fonder la base légale d'une imposition.

II. LES CONVENTIONS FISCALES D'ASSISTANCE ADMINISTRATIVE MUTUELLE

A. Le renouveau de l'échange de renseignements

1. La nature de l'échange de renseignements

En vue de favoriser l'échange de renseignements, l'État a conclu des accords bilatéraux entre 2009 et 2011 avec des territoires considérés comme non coopératifs. La convention accepte, nonobstant les législations bancaires et pénales, d'échanger des renseignements pour des personnes nommément désignées par l'autorité requérante. L'échange de renseignements est parfois automatique.

2. L'arme dissuasive de la qualification d'État « non coopératif »

Lorsque l'État est qualifié de non coopératif, les flux financiers avec ce pays sont taxés à un taux de 75 %. Le caractère effectif ou non des renseignements échangés permet de faire sortir ou non de la liste des États non coopératifs les entités concernées. Toutefois, en ce qui concerne Panama, une convention fiscale bilatérale a été signée le 30 juin 2011. À la suite de la signature de cet accord, le pays avait été retiré de la liste des États et territoires non coopératifs (ETNC) en 2012.

B. La convention d'assistance multilatérale

1. Le champ d'application personnelle de la convention multilatérale

Amendée par un protocole signé le 27 mai 2010 et en 2017 pour tenir compte des travaux de l'OCDE, cette convention a pour objet l'échange de renseignements, y compris les contrôles fiscaux simultanés et la participation à des contrôles fiscaux menés à l'étranger de personnes physiques et morales. Elle concerne également le recouvrement des créances fiscales, y compris les mesures conservatoires.

2. Le champ d'application matérielle de la convention multilatérale

La convention vise toutes les formes de prélèvements obligatoires des administrations publiques à l'exception des droits de douane. Elle s'applique aux impôts sur le revenu, les bénéfices, les plus-values, et sur la fortune. Elle vise aussi les impôts locaux, les cotisations sociales, les impôts sur les successions ou les donations.

3. La nature de l'échange de renseignements

L'échange de renseignements peut résulter d'une demande ou être automatique. L'échange spontané de renseignements est organisé toutes les fois où un État présume qu'il existe une réduction ou une exonération anormale d'impôt au détriment d'un autre État.

III. LA CONVENTION FISCALE MULTILATÉRALE EN VUE DE LIMITER LES TRANSFERTS DE BÉNÉFICES

A. La lutte contre l'érosion des bases d'imposition

1. L'origine du projet de l'OCDE

Le projet « Beps » consiste en quinze actions consacrées, pour certaines, à mettre en place des outils contre les pratiques dommageables, pour d'autres à améliorer l'information des administrations et le règlement des différends fiscaux, pour la dernière, enfin, à élaborer un instrument multilatéral offrant la possibilité de modifier rapidement les conventions fiscales.

2. Dépasser le bilatéralisme : la convention multilatérale

Consciente que les problématiques liées à l'érosion de la base d'imposition et au transfert de bénéfices sont devenues un problème majeur des politiques publiques, une convention multilatérale regroupant plus de

100 pays, sous l'égide de l'OCDE, a été adoptée en 2017 pour une entrée en vigueur le 1er janvier 2019. Cette convention autorise une modification rapide des conventions bilatérales tout en préservant la souveraineté fiscale des juridictions. Chaque État doit notifier les conventions fiscales bilatérales auxquelles s'applique la convention multilatérale.

B. L'objet de la convention multilatérale

1. La clause anti-abus « généralisée »

La convention multilatérale détermine une clause anti-abus écartant le bénéfice des avantages conventionnels en cas d'abus.

2. La lutte contre les montages artificiels

Le développement de l'économie numérique a rendu délicate la qualification d'un établissement stable. Constituée des articles 12 à 15, la partie IV de la convention multilatérale transpose l'action 7 du projet « Beps » visant à lutter contre l'évitement artificiel de la qualification d'établissement stable.

LE DROIT DE L'UNION EUROPÉENNE 5

I. L'INTERDICTION DES DISCRIMINATIONS FISCALES

A. L'interdiction des taxes d'effet équivalent

1. L'élimination des barrières douanières

Pour éviter de fausser les règles de la libre concurrence, l'interdiction des taxes d'effet équivalent à des droits de douane est posée comme principe. Les taxes prohibées sont caractéristiques d'une barrière douanière de nature à encourager une préférence nationale dans le cadre des échanges intra-communautaires. Cela peut être le cas d'une mesure administrative de rétention des marchandises à la frontière.

2. Les mesures prohibées de protectionnisme fiscal

En complément à ces dispositions, l'article 110 du traité sur le fonctionnement de l'Union européenne (TFUE) interdit des impositions intérieures discriminatoires. L'interdiction s'applique indifféremment aux impositions qui frappent les produits importés comme ceux qui sont exportés. Ce sont des mesures de protectionnisme fiscal qui sont ici visées.

3. Les mesures fiscales autorisées

Il existe des exceptions à cette qualification, à raison notamment d'un système de taxation qui appréhende les produits nationaux et les produits étrangers de la même manière. Par ailleurs, la taxation peut être la contrepartie d'un service déterminé rendu à l'opérateur économique pour des raisons d'ordre public.

B. Des aides d'État anticoncurrentielles

1. La notion d'aide d'État « proscrite »

Le droit communautaire tend à prévenir l'usage intempestif des aides d'État de nature à fausser la libre concurrence. La notion d'aide d'État est interprétée très largement tant du point de vue personnel (l'État, les collectivités territoriales ou toute autre collectivité publique est visée) que du point de vue matériel (il peut s'agir non seulement d'avantages fiscaux mais également de subventions directes, ou bien encore de charges sociales).

Une ressource d'État susceptible d'affecter les échanges communautaires, de manière sélective, au profit d'une entreprise est en principe une aide d'État proscrite.

2. La notion d'aide d'État « compatible »

Il existe des exceptions au titre des aides d'État jugées compatibles avec le marché commun. Cela peut concerner des aides à finalité régionale ou bien encore d'un certain plafond (200 000 € sur trois ans) à ne pas dépasser au titre des dépenses d'investissement des entreprises, ou bien enfin des aides à vocation culturelle jugées compatibles par la Commission européenne.

II. LA PROTECTION DES LIBERTÉS COMMUNAUTAIRES

A. Les libertés de circulation

1. La liberté de circulation des marchandises

La liberté de circulation des marchandises est consacrée par la célèbre affaire Casis de Dijon qui oblige les États à accepter sur leur territoire les marchandises légalement produites dans un autre État, sauf motif impérieux d'intérêt général.

2. La liberté de circulation des personnes

La liberté de circulation des personnes permet aux travailleurs de séjourner dans un autre État membre, comme d'y travailler, sans restriction au regard de leur nationalité. La Cour de justice de l'Union européenne admet néanmoins des discriminations justifiables par la cohérence du régime fiscal applicable.

3. La liberté de circulation des capitaux

La liberté de circulation des capitaux permet aux citoyens européens de réaliser des investissements dans les différents États de l'Union européenne. C'est ainsi que le mécénat transfrontalier a été admis, que la taxe de 3 % sur la valeur vénale des immeubles sis en France a été maintes fois réformée pour évincer les discriminations sous-jacentes. C'est encore à raison de cette liberté qu'une législation prévoyant une exonération des plus-values en cas de réemploi a été étendue aux immeubles sis dans l'Union européenne.

B. La liberté d'établissement dans l'Union européenne

1. Le déploiement d'activités professionnelles

La liberté d'établissement autorise sans restriction l'accès aux activités individuelles comme aux activités déployées en société. Les sujétions envisagées dans le cadre d'un *exit tax* ne doivent pas conduire à restreindre la liberté d'établissement en imposant immédiatement une plus-value latente.

2. L'extension de la liberté aux prestations de services

La liberté de prestations de services permet à un opérateur économique de fournir des services dans un autre État membre que celui de sa résidence. Est ainsi contraire au droit communautaire une législation nationale qui prend en compte les revenus bruts des non-résidents sans déduction des frais professionnels.

III. LA PROMOTION DE L'HARMONISATION EUROPÉENNE

A. L'harmonisation de la TVA

1. Les étapes

Elle s'est faite en plusieurs étapes à compter de la 6e directive de 1977 qui prévoit une harmonisation de l'assiette de la TVA et non pas des taux de TVA. Progressivement, la TVA intracommunautaire a été établie à compter de 1993. Toutefois, les nombreuses lacunes du système transitoire ont conduit à revisiter les principes de taxation intracommunautaire en distinguant les échanges entre professionnels assujettis à la TVA (principe de l'autoliquidation) et les échanges entre un professionnel et un consommateur.

2. Les risques liés aux « carrousels de TVA »

Le système de la TVA est menacé par le développement de circuits frauduleux. Ces circuits frauduleux, appelés des carrousels, exploitent notamment la faiblesse tenant à ce que la TVA afférente aux acquisitions intracommunautaires n'est pas collectée par le fournisseur. Face à cette fraude un mécanisme d'autoliquidation généralisée s'impose.

3. L'harmonisation partielle des droits indirects

Les autres droits indirects sont contraints par des directives communautaires afin d'éviter des taxes sur le chiffre d'affaires contraires au droit communautaire. Les droits d'accise sur les alcools et tabacs ainsi que certains droits d'enregistrement sont donc encadrés communautairement.

B. L'absence d'harmonisation des impôts directs

1. La structure non fédérale de l'Union européenne

L'Union européenne a comme seule ambition économique d'être un marché ouvert pour fluidifier les transferts de capitaux et de marchandises, mais nullement d'établir un État fédéral doté d'un impôt direct. L'harmonisation des impôts directs n'est donc pas inscrite à l'agenda communautaire à l'exception d'un projet de consolidation de l'assiette commune en matière d'IS.

2. Le projet d'assiette consolidée en matière d'IS

L'assiette commune consolidée pour l'impôt sur les sociétés (Accis) permettrait aux entreprises de recourir à un système de guichet unique pour remplir leurs déclarations fiscales et de consolider les profits et les pertes qu'elles enregistrent dans toute l'Union. Pour que l'Accis entre en vigueur, l'unanimité est néanmoins requise au sein des États membres, rendant son issue incertaine.

LA CONVENTION EUROPÉENNE DE SAUVEGARDE DES DROITS DE L'HOMME

6

I. LE DROIT À UN PROCÈS ÉQUITABLE

A. Les litiges rattachables à la matière fiscale

1. Le champ limité des sanctions fiscales

Pour l'essentiel, il s'agit des sanctions fiscales, qu'il faut distinguer des pénalités. En effet, ces dernières peuvent être infligées de bonne foi ou compte tenu du préjudice subi par le Trésor public du fait du temps qui s'est écoulé. Dans ce cas, il ne s'agit pas d'une sanction fiscale.

2. Le champ ouvert des sanctions pénales

A fortiori, des sanctions pénales applicables en matière de fraude fiscale relèvent du droit à un procès équitable. Elles peuvent être déclenchées soit par l'administration fiscale, soit par le procureur de la République.

B. Les litiges rattachables à la matière civile

1. Le respect de la vie privée

Pour l'essentiel, il s'agit de respecter les stipulations inhérentes au respect de la vie privée. C'est à l'occasion des perquisitions fiscales que la Cour européenne des droits de l'homme (CEDH) a considéré en 2008 que celles-ci ne respectaient pas les conditions du droit d'accès au tribunal.

2. Le respect des données personnelles

À l'aune de l'intelligence artificielle et du développement des algorithmes en matière fiscale, le contrôle juridictionnel de la CEDH est appelé à se renforcer pour protéger les données personnelles.

C. Les garanties protégées

1. Le cadre général des droits de la défense

Le droit à un procès équitable agrège de multiples droits liés aux droits de la défense. D'une part, en raison de la présomption d'innocence, les sanctions automatiques sont réfutées.

2. Le cadre spécifique du droit au silence

D'autre part, le droit de ne pas contribuer à sa propre incrimination autorise à garder le silence. Enfin, la modulation des sanctions demeure l'apanage du juge de l'impôt (la Cour de cassation l'applique concrètement).

II. LE DROIT AU RESPECT DE SES BIENS

A. La portée autonome de la notion de biens

1. La notion de créance fiscale

Dans le respect du droit de propriété, la notion de biens renvoie à une conception de créance dont serait titulaire un contribuable. De cette créance découle une espérance légitime dont peut se prévaloir un contribuable. De ce fait, la demande de dégrèvement d'une imposition est une question patrimoniale qui relève du droit au respect des biens au sens de l'article 1er du protocole n° 1.

2. Un principe limité de non-discrimination

Le fait de pouvoir invoquer ce protocole permet au justiciable d'invoquer par ricochet l'article 14 relatif à un principe assez large de non-discrimination. Toutefois, les stipulations de l'article 14 sont sans portée dans les rapports entre l'administration fiscale et le contribuable à l'occasion de l'établissement de l'impôt. Autrement dit, ce texte n'est invocable qu'au titre des discriminations entre les contribuables.

B. Le caractère relatif de ce droit

1. La justiciabilité de ce droit

Le caractère confiscatoire d'un impôt est susceptible de porter atteinte au respect des biens, dans l'hypothèse de la vente d'un bien pour payer une dette d'impôt.

2. La force de l'intérêt général

Toutefois, le droit au respect de ses biens demeure un droit relatif en ce sens qu'une ingérence de l'État conforme à l'intérêt général peut ruiner la prétention du contribuable. De ce principe, la Cour européenne déduit qu'une loi de validation en matière fiscale est contraire au droit au respect des biens lorsque l'atteinte a revêtu un caractère disproportionné au regard des motifs d'intérêt général. Il s'agit donc d'un test classique de proportionnalité.

LE PRINCIPE DE LÉGALITÉ DE L'IMPÔT 7

I. LES CATÉGORIES DE LOIS FISCALES

A. Les lois fiscales ordinaires

1. Les lois ordinaires

Les dispositions de droit fiscal ne font pas partie d'une matière qui serait réservée aux lois de finances. Une loi ordinaire peut donc comporter des dispositions propres aux impôts, quand bien même ces dispositions affectent l'exécution du budget.

2. Les lois de financement de la Sécurité sociale

Les lois de financement de la Sécurité sociale peuvent contenir des dispositions fiscales dès lors que celles-ci contribuent de façon significative à l'équilibre financier des régimes de Sécurité sociale. Tel est le cas par exemple de la cotisation sociale généralisée.

B. Les lois de finances

1. Loi de finances initiale

Aux termes de l'article 1er de la LOLF, les lois de finances comprennent la loi de finances de l'année, la loi de finances rectificative et la loi de règlement. Ces lois de finances déterminent l'équilibre budgétaire et financier qui découle des ressources et des charges de l'État.

2. Loi de finances rectificative

La loi de finances de l'année prévoit l'autorisation de percevoir l'impôt. Par ailleurs, la loi de finances initiale comme celle rectificative prévoient des dispositions inhérentes à l'impôt (création, modification, suppression). Le caractère fiscal des dispositions est entendu de manière extensive et peut donc concerner les procédures fiscales.

II. LA COMPÉTENCE DU LÉGISLATEUR EN MATIÈRE FISCALE

A. Les règles d'assiette

1. La portée de l'article 34 de la Constitution en matière fiscale

L'article 34 de la Constitution détermine le champ d'application des impositions de toutes natures. La loi fixe les règles concernant l'assiette, le taux et les modalités de recouvrement des impositions de toutes natures. Il revient au législateur de déterminer le fait générateur de chaque impôt, c'est-à-dire l'événement à l'origine de l'obligation fiscale et également la date d'exigibilité de l'impôt, c'est-à-dire le droit pour le Trésor public de faire valoir sa créance.

2. Le domaine extensif des règles d'assiette

Toutefois, les règles d'assiette sont englobantes et concernent notamment les personnes redevables de l'impôt, les exonérations applicables et la base d'imposition retenue. La procédure non contentieuse dont la procédure de contrôle a été assimilée à des règles d'assiette de l'impôt relève de la compétence du législateur.

B. Les règles de taux

1. Le tarif de l'impôt

La fixation du tarif de l'impôt relève du législateur en tant qu'élément de la liquidation de l'impôt. Ce taux peut varier en fonction de l'impôt : il peut être proportionnel ou progressif, fixe ou en fonction d'un seuil applicable.

2. La spécificité des impôts locaux

Cela étant, le législateur n'est pas tenu de déterminer le taux de chaque impôt. Il peut fixer les limites à l'intérieur desquelles l'impôt est établi. Tel est le cas des impôts locaux dans la mesure où les collectivités territoriales s'administrent librement selon l'article 72 de la Constitution.

C. Les règles de recouvrement

1. Les modalités de recouvrement de l'impôt

Une fois la matière évaluée et liquidée, il reste à procéder au recouvrement de l'impôt. Les modalités de recouvrement comprennent les règles régissant le contrôle, le recouvrement proprement dit, le contentieux, les garanties et les sanctions applicables à l'impôt.

2. Le rôle nominatif

Les impôts peuvent être recouvrés par voie de rôle. Tel est le cas des impôts directs comme l'impôt sur le revenu (IR). C'est à l'administration qu'il incombe de liquider puis de recouvrer l'impôt. D'autres impôts, qualifiés d'indirects comme les droits d'enregistrement ou la taxe sur la valeur ajoutée (TVA), sont liquidés par le contribuable. Quel que soit le procédé, c'est au législateur d'en définir les modalités.

8 LE PRINCIPE D'ÉGALITÉ DEVANT L'IMPÔT

I. LES DIFFÉRENTES CONCEPTIONS DU PRINCIPE D'ÉGALITÉ DEVANT L'IMPÔT

A. La norme de référence

1. Le principe d'égalité devant l'impôt

Le principe d'égalité devant l'impôt a une existence juridique autonome fondée sur l'article 13 de la Déclaration des droits de l'homme et du citoyen (DDHC) alors même que ce texte constitue aussi le fondement constitutionnel du principe d'égalité devant les charges publiques. La formulation de ce principe permet de légitimer un impôt, nonobstant les facultés contributives, dû par des contribuables à raison d'un sacrifice universel. La conception renvoie à l'idée d'une égalité enchâssée dans le cadre d'une solidarité nationale davantage que d'une pure égalité mathématique.

2. Le principe d'égalité devant les charges publiques

Le principe d'égalité devant les charges publiques permet d'assurer une meilleure appréciation des facultés contributives. L'exemple de la décision de 2005 sur le bouclier fiscal démontre le lien entre ces deux notions. La mesure de plafonnement instituée tend à éviter une rupture caractérisée de l'égalité devant les charges publiques.

B. La conception administrativiste de l'égalité

1. Le principe d'égalité devant le service public

C'est au regard du principe d'égalité des usagers devant le service public que l'égalité devant l'impôt a été reproduite. Il s'agit en fait du principe d'égalité devant la loi mis en avant afin d'écarter le grief contesté lorsque les dispositions n'ont pas pour effet de traiter différemment des personnes placées dans une situation identique.

2. Le principe d'égalité devant la justice

Le principe d'égalité devant l'impôt se décline également devant la justice lorsqu'est contestée une mesure propre aux procédures de contrôle fiscal. Il s'agit en fait d'un corollaire du principe d'égalité devant la loi.

II. LE CONTRÔLE DE CONSTITUTIONNALITÉ DU PRINCIPE D'ÉGALITÉ DEVANT L'IMPÔT

A. Les dérogations pour des motifs d'intérêt général

1. Les lois d'amnistie fiscale

C'est ainsi qu'une loi organisant l'amnistie fiscale n'a pas été jugée contraire au principe d'égalité dans la mesure où la catégorie des bénéficiaires de l'amnistie a été définie de manière objective et où le but de la mesure vise uniquement l'apurement des irrégularités antérieures.

2. La création de la taxe carbone

Le Conseil constitutionnel exerce ainsi un contrôle de cohérence en fonction de l'objet et du but poursuivi par le législateur. La première annulation de la contribution carbone en 2009 suit ce même raisonnement. Le projet de loi avait multiplié les exonérations et réductions de telle sorte que 93 % des émissions de dioxyde de carbone n'étaient plus assujetties à cette taxe. Faute de cohérence avec les objectifs liés à la lutte contre le réchauffement climatique, la taxe était contraire au principe d'égalité. Seules les erreurs manifestes d'appréciation sont ici censurées.

B. Un contrôle de proportionnalité étendu

1. Le caractère confiscatoire de l'impôt

Le caractère confiscatoire de l'impôt fait l'objet d'un contrôle analogue à celui portant sur l'étendue des avantages consentis par le législateur. Il y a censure d'un texte si ce dernier fait peser sur une catégorie de contribuables une charge excessive au regard de leurs facultés contributives. Il n'existe pas de seuil absolu à partir duquel un taux d'imposition devient confiscatoire alors même que le taux de 75 % pour la taxation de retraites « chapeau » est jugé excessif, comme un taux d'imposition marginal maximal de 82 % pour les plus-values immobilières. Toutefois, la majoration de 1,25 de l'assiette de l'IR dans le cas de revenus de capitaux mobiliers distribués dans des conditions irrégulières ou occultes n'est pas en soi confiscatoire.

2. Le caractère de revenu disponible

Le Conseil se montre par ailleurs sensible à l'exigence de corrélation entre l'obligation d'acquitter l'impôt et la disposition du revenu servant d'assiette au calcul de celui-ci. Le conseil censure ainsi, les velléités du législateur d'intégrer dans les revenus pris en compte pour le calcul du plafonnement de l'impôt sur la fortune, divers revenus seulement latents.

9 LE PRINCIPE DE NÉCESSITÉ DE L'IMPÔT

I. LA CONCEPTION DU PRINCIPE DE NÉCESSITÉ

A. Le fondement des prélèvements obligatoires

1. Le fondement constitutionnel

Sur le fondement de l'article 14 de la DDHC, le Conseil constitutionnel invoque un principe de nécessité de l'impôt pour justifier son emploi.

2. Le principe d'universalité de l'impôt

Le fondement des prélèvements obligatoires est l'appartenance à une communauté, ce que traduit le principe d'universalité de l'impôt : celui-ci n'est pas destiné à financer un ensemble de dépenses identifiées, mais indistinctement à la couverture de la totalité des dépenses publiques. C'est en ce sens que l'impôt devient nécessaire au fonctionnement de nos institutions.

B. Le caractère nécessaire de l'impôt

Ce caractère nécessaire de l'impôt sanctuarise l'exigence constitutionnelle de lutte contre la fraude fiscale tout en étant complété par celle de lutte contre l'évasion fiscale.

1. La lutte contre l'évasion fiscale

Ce caractère nécessaire de l'impôt sanctuarise l'exigence constitutionnelle de lutte contre la fraude fiscale tout en étant complété par celle de lutte contre l'évasion fiscale. Le Conseil constitutionnel a ainsi indiqué que ni la fraude ni le refus de l'impôt ne sauraient être invoqués au nom de la liberté individuelle du citoyen. C'est parce que l'impôt est indispensable qu'une atteinte aux droits et libertés est justifiée.

2. Le caractère sacrificiel de l'impôt

Seul un impôt nécessaire peut justifier une atteinte aux droits et libertés. C'est donc un principe de garantie des droits. Le juge a indiqué que seul un prélèvement affecté à la couverture d'une dépense déterminée cesse d'être nécessaire si la dépense devient sans objet et disparaît.

II. LE CONSENTEMENT À L'IMPÔT, COROLLAIRE DU PRINCIPE DE NÉCESSITÉ

A. Un principe de souveraineté du peuple

1. Le sens matériel du consentement à l'impôt

Au sens de l'article 14 de la DDHC, le consentement à l'impôt permet à chaque citoyen, par l'intermédiaire de ses représentants au Parlement, de contrôler les finances de l'État. Outre le droit de contrôle, le consentement à l'impôt implique le droit de voter les impôts et la définition des éléments essentiels de la norme fiscale.

2. Le principe de clarté et d'intelligibilité de la loi fiscale

C'est du principe du consentement à l'impôt posé par l'article 14 de la déclaration que le Conseil constitutionnel déduit, en 2005, le principe de clarté de la loi, et non pas d'un principe de sécurité juridique. Lorsqu'elle atteint un niveau de complexité tel qu'elle devient inintelligible pour le citoyen, la loi méconnaît l'article 14 de la déclaration de 1789.

B. Le consentement de l'impôt

1. Une vision sociologique de l'impôt

Le paradigme traditionnel du consentement à l'impôt est fragilisé sous le poids cumulé d'une recomposition des privilèges fiscaux par un foisonnement des niches fiscales, d'un évitement de l'impôt à raison de multiples résistances managériales et technologiques, et d'une territorialité de l'impôt devenue obsolète. Le consentement de l'impôt renvoie à une vision sociologique de l'impôt, son acceptabilité par le citoyen.

2. Le renouveau du civisme fiscal

Le consentement de l'impôt vise donc à réconcilier le citoyen avec son administration fiscale, à renouveler le civisme fiscal en jetant les bases d'un nouveau contrat de confiance. Ainsi, à la légitimité politique de l'impôt, une légitimité gestionnaire des deniers publics devient un enjeu des finances publiques.

10 LES DROITS FONDAMENTAUX DU CONTRIBUABLE

I. LE PRINCIPE DE NON-RÉTROACTIVITÉ

A. Le principe de sécurité juridique

1. Un principe de valeur législative

Le Conseil constitutionnel s'oppose à une consécration constitutionnelle du principe de sécurité juridique dont dépend le principe de non-rétroactivité, tout en reconnaissant que l'article 16 de la DDHC constitue le socle juridique de la garantie des droits.

2. Un principe invoqué fréquemment

Enrichi depuis 2008 d'une question prioritaire de constitutionnalité (QPC), le contrôle des lois fiscales s'est orienté vers une protection accrue des droits des contribuables sans pour autant consacrer de valeur constitutionnelle au principe de sécurité juridique, mais en aménageant des dispositifs de transition dans le cadre de lois successives.

B. Deux types de rétroactivité

1. La rétroactivité économique

La rétroactivité économique correspond peu ou prou à des hypothèses où la loi, même si elle ne dispose pas pour le passé mais seulement pour l'avenir, est susceptible de modifier le traitement fiscal d'opérations en cours. Les lois rétrospectives correspondent aux lois de finances de l'année.

2. La rétroactivité juridique

La rétroactivité juridique correspond, d'une part, aux lois de validation, qui ont pour objet de valider de manière rétroactive une disposition annulée par le juge et, d'autre part, aux lois interprétatives. Le Conseil constitutionnel veille à ce que la loi n'inflige pas de sanctions rétroactives en raison d'agissements antérieurs. En outre, la rétroactivité fiscale ne saurait préjudicier aux contribuables dont les droits ont été reconnus par une décision de justice passée en force de chose jugée, c'est-à-dire qui a acquis un caractère définitif.

II. LA GARANTIE DE LA LIBERTÉ INDIVIDUELLE

A. L'inviolabilité du domicile

1. Le droit des perquisitions fiscales

Dès 1983, le Conseil constitutionnel encadrait le droit aux perquisitions fiscales. Le principe de la liberté individuelle doit être concilié avec les nécessités de la lutte contre la fraude fiscale. À ce titre, la perquisition des locaux doit faire l'objet d'une autorisation judiciaire.

2. Les garanties de la perquisition fiscale

Le juge continue de préciser le cadre d'application de la procédure de visite et saisie domiciliaire, codifiée à l'article L. 16 B du Livre des procédures fiscales (LPF). Depuis l'arrêt Ravon de la Cour européenne des droits de l'homme (CEDH) en 2008, le contribuable dispose d'une double voie de recours, afférente à l'ordonnance autorisant la visite domiciliaire et au déroulement des opérations de visite et de saisie, consistant en un appel non suspensif puis en un pourvoi en cassation.

B. La préservation du secret fiscal

1. La publicité de l'impôt

La publicité de l'impôt est restreinte. Aux termes de l'article L. 111 du LPF, un contribuable ne peut consulter que les éléments relatifs aux contribuables du même département. Par exception, les bénéficiaires ou débiteurs d'une pension alimentaire prévue par une décision de justice peuvent consulter les éléments relatifs au débiteur ou au bénéficiaire de la pension domicilié dans un autre département.

2. Le secret fiscal des agents des finances publiques

Les agents de l'administration des finances publiques sont astreints à un secret fiscal. Toutefois, les agents des finances publiques sont déliés depuis 2018 du secret professionnel à l'égard du procureur de la République avec lequel ils peuvent échanger des informations couvertes par ce secret indépendamment de l'existence d'une plainte.

III. L'ENCADREMENT DES SANCTIONS FISCALES

A. L'assimilation des sanctions fiscales aux sanctions pénales

1. Les différentes pénalités fiscales

Bien avant la jurisprudence de la CEDH, le Conseil constitutionnel, en 1982, avait assimilé les sanctions fiscales à des sanctions pénales. La sanction fiscale s'applique à des pénalités autres que l'intérêt de retard ou à une indemnité due par l'écoulement du temps.

2. Le cumul des sanctions fiscales et pénales

Dans le prolongement du principe de sécurité juridique, la locution latine *non bis in idem* signifie : « Nul ne peut être poursuivi ou puni pénalement à raison des mêmes faits. » Ainsi, le Conseil constitutionnel a confirmé, en 2018 à l'occasion d'une question prioritaire de constitutionnalité (QPC), le cumul possible des sanctions fiscales et pénales en matière de fraude fiscale en assortissant sa décision d'une réserve d'interprétation. La chambre criminelle de la Cour de cassation accepte dans un arrêt du 16 avril 2019 le cumul de deux délits environnementaux pour le même rejet, par une commune, de substances toxiques dans une rivière.

B. Les principes applicables aux sanctions fiscales

1. Le principe de légalité des délits et des peines

De ce principe découle celui du caractère nécessaire des peines et, partant, la proportionnalité de la peine à la gravité des manquements commis. De cette décision du Conseil constitutionnel de 1989, il est permis d'inférer le fait qu'aucune sanction ne doit revêtir de caractère automatique.

2. Le principe de nécessité des peines

Il résulte du principe d'application immédiate de la loi pénale plus douce, qui découle du principe de nécessité des peines énoncé à l'article 8 de la DDHC de 1789, que des dispositions relatives à une sanction, qui ont été abrogées par l'effet d'une déclaration de non-conformité à la Constitution, ne sont plus applicables aux manquements commis avant cette abrogation, sous réserve qu'elles n'ont pas donné lieu à des condamnations passées en force de chose jugée.

LE STATUT DU CONTRIBUABLE 11

I. LE STATUT OBJECTIF DU CONTRIBUABLE

A. La nature de l'impôt non contractuel

1. Le principe de l'exclusion du contrat

Le principe d'exclusion du contrat comme source de l'obligation fiscale est établi sans texte en droit français. Le Conseil constitutionnel considère qu'un prélèvement obligatoire dont le montant est déterminé avec l'accord de son débiteur ne peut présenter les caractéristiques d'un impôt. La Cour de cassation rappelle que la perception des impôts ne peut faire l'objet d'un contrat entre le fisc et le contribuable. Le Conseil d'État adopte une solution analogue.

2. L'absence de droits acquis du contribuable

L'exclusion du contrat vaut en matière d'établissement de l'impôt comme en matière de recouvrement. De cette règle découle l'absence de droits acquis au profit d'un contribuable bénéficiaire d'une décision administrative relative à un échelonnement de paiement de l'impôt.

B. L'obligation fiscale individuelle

1. L'obligation fiscale illimitée

Cette obligation fiscale illimitée procède de règles objectives, et plus précisément du fait générateur de l'impôt qui déclenche l'application individuelle de la loi fiscale et de sa cohorte de règlements d'application.

2. Le principe de confiance légitime

Le contribuable n'a aucun droit acquis au maintien du statut légal et réglementaire qui peut à tout moment être abrogé, ou plus simplement modifié. Il s'agit bien évidemment d'une entorse à la prévisibilité de la règle fiscale mais les éventuelles modifications ne concernent que l'avenir. Toutefois, une jurisprudence récente admet une atteinte au principe de sécurité juridique si l'imposition a fait naître dans le chef du contribuable une espérance légitime au sens de la convention européenne de sauvegarde des droits de l'homme (CESDH), déclinaison du principe de confiance légitime.

II. LE STATUT SUBJECTIF DU CONTRIBUABLE

A. La contractualisation de l'impôt

1. Les remises gracieuses

En premier lieu, l'administration est autorisée à accorder des remises gracieuses qui s'apparentent à un mouvement de contractualisation de l'impôt pour des raisons d'équité fiscale. Des éléments subjectifs peuvent ainsi être pris en compte dans l'établissement de l'impôt (aménagement familial, par exemple, en matière d'IR), ou des sanctions fiscales (prise en compte d'une intention d'éluder l'impôt). Bien plus, d'inspiration civiliste, la transaction fiscale constitue un mode de règlement amiable du litige fiscal. Cependant, la transaction ne peut en aucun cas porter sur le principal de l'impôt, mais seulement sur les pénalités fiscales.

2. Les accords préalables en matière de prix de transfert

En second lieu, les accords préalables en matière de prix de transfert peuvent être conclus par l'administration fiscale en vue de définir les méthodes à retenir. Le contrat devient ainsi un mode d'action publique privilégié permettant de renouer le dialogue entre l'administration et ses usagers Exclusivement encadrés par la doctrine administrative, ces accords peuvent être bilatéraux (entre les autorités fiscales de deux États) ou unilatéraux depuis 2004, afin de simplifier leur adoption.

3. La nouvelle relation de confiance

En troisième lieu, l'administration a dévoilé en 2019 les lignes directrices de sa nouvelle relation de confiance. À ce titre, le partenariat fiscal pour les entreprises de taille intermédiaire (ETI) et les grandes entreprises permet aux entreprises, dès lors qu'elles optent pour cette démarche, d'engager un dialogue continu avec l'administration sur les problématiques fiscales identifiées par l'un ou l'autre des partenaires, entreprise ou administration, comme présentant des risques et/ou des enjeux stratégiques.

B. Les agréments fiscaux

1. La nature juridique d'un agrément fiscal

La nature juridique de l'agrément fiscal suscite des interrogations récurrentes. Il a toujours été analysé par le juge de l'impôt comme un acte administratif unilatéral et non pas comme un contrat. Toutefois, l'agrément comporte des éléments de négociation qui font de celui-ci un acte unilatéral négocié. Pour les autorités européennes, l'agrément fiscal est qualifiable d'aide d'État. Dans la veine d'un interventionnisme fiscal, l'État, soucieux d'inciter plutôt que d'imposer, propose des agréments fiscaux.

2. La diversité des agréments fiscaux

Une grande diversité d'agréments fiscaux est observable. Il peut s'agir d'une politique favorable au développement économique et social à l'instar de l'agrément pour le bénéfice mondial consolidé qui a pris fin en 2011, ou bien encore des quartiers généraux. La politique fiscale d'aménagement du territoire utilise l'agrément pour redynamiser des territoires ultramarins en favorisant l'aide fiscale aux investissements. Enfin, la politique culturelle de l'État met en exergue des procédés proches de l'agrément fiscal pour conserver et mettre en valeur un patrimoine national, au titre par exemple du label Entreprise du patrimoine vivant ou de la dation en paiement.

3. Le régime juridique de l'agrément fiscal

Le régime juridique est plus complexe. Le juge de l'impôt distingue les agréments de plein droit qui obéissent à des règles précises d'attribution et de motivation en cas de refus (contrôle normal) et les agréments discrétionnaires qui offrent une marge de manœuvre à l'administration fiscale (contrôle restreint à l'erreur manifeste d'appréciation). C'est au regard du retrait des agréments que la jurisprudence est la plus novatrice. L'inexécution des engagements souscrits au titre de l'agrément peut entraîner son retrait. Dans un arrêt Vivendi de 2017, le Conseil d'État considère qu'un retrait anticipé de l'agrément est une cause de rupture illégale de l'espérance légitime dont l'entreprise pouvait se prévaloir.

12 LA DOCTRINE ADMINISTRATIVE GÉNÉRALE

I. LA NOTION DE DOCTRINE ADMINISTRATIVE

A. La nécessité d'une doctrine administrative

1. Le développement de la doctrine administrative

La complexité des normes de droit fiscal conduit ses protagonistes à interpréter les textes en vigueur, c'est-à-dire à donner une signification à un énoncé. Chargée d'appliquer la loi, il revient à l'administration de l'interpréter. Source de rigidité, la loi fiscale peut être assouplie par des tolérances administratives qui ont leur source dans la doctrine administrative.

2. L'application uniforme de la loi fiscale sur le territoire

La doctrine administrative s'inscrit donc dans une volonté de sécurité juridique afin d'interpréter avec clarté les lois fiscales. Il s'agit tout autant de donner des instructions claires à l'administration chargée de son application que d'éclairer les contribuables pour une meilleure intelligibilité des normes fiscales.

B. La définition de la doctrine administrative

1. L'interprétation d'un texte fiscal

Il s'agit de l'ensemble des interprétations des textes fiscaux formulées par une autorité administrative en vue d'une application uniforme de ces textes sur le territoire national. Il faut distinguer la doctrine administrative générale dont la portée à l'égard de tous est constatée de la doctrine administrative individuelle relative à un contribuable déterminé.

2. La base Bofip

Son élaboration n'est pas précisée dans les textes mais les missions de la Direction générale des finances publiques (DGFIP) l'ont conduit à regrouper, à partir de septembre 2012, l'ensemble de la doctrine administrative dans une base numérique dénommée Bulletin officiel des finances publiques (Bofip). Au sein de la DGFIP, la direction de la législation fiscale conçoit et élabore les dispositions législatives et réglementaires à caractère fiscal ainsi que les instructions générales nécessaires à leur application.

II. L'OPPOSABILITÉ DE LA DOCTRINE ADMINISTRATIVE

A. Le mécanisme de la garantie

1. L'interprétation formelle

L'article L. 80 A du LPF dont la première version remonte à 1959 édicte une limite au droit de reprise de l'administration fiscale. Le mécanisme de protection consiste pour le contribuable à invoquer l'interprétation formelle d'un texte contre les velléités de rectification proposées par l'administration.

2. Une modification de l'ordonnancement juridique

Une interprétation formelle suppose en premier lieu que le texte fiscal soit formulé de manière explicite par l'administration fiscale. Le support de l'interprétation est variable : il peut s'agir d'un rescrit, d'une instruction fiscale ou d'une réponse ministérielle. Une interprétation formelle doit présenter un caractère novateur, c'est-à-dire de ne pas se contenter d'un rappel antérieur et porter sur un texte fiscal autre que la procédure d'imposition.

3. Une interprétation provisoire

Il est possible de se prévaloir d'une instruction provisoire, car les projets d'instruction sont mis en ligne pour consultation publique, quand bien même ce projet est modifié ultérieurement. Le contribuable ne peut se prévaloir que de la doctrine en vigueur à la date de l'imposition primitive.

B. La doctrine administrative et la hiérarchie des normes

1. L'invocabilité de la doctrine administrative

Compte tenu d'interprétations contraires à la loi, l'invocabilité de la doctrine heurte une lecture pyramidale de la hiérarchie des normes. La contrariété à la hiérarchie des normes doit être nuancée. Avant d'examiner le moyen tiré de la doctrine administrative, le juge doit se positionner sur les moyens soulevés au regard de la loi fiscale. La doctrine administrative ne peut être invoquée que subsidiairement. En somme, le juge refuse de tirer les conséquences pratiques de l'illégalité en empêchant la proposition de rectification.

2. La contrariété de la doctrine à une règle communautaire

Le juge fiscal peut-il appliquer au bénéfice du contribuable une doctrine administrative contraire au droit de l'Union européenne ? L'incompatibilité éventuelle entre une interprétation administrative et la norme européenne doit rester sans influence sur le droit reconnu au contribuable de se prévaloir de l'interprétation donnée par l'administration fiscale sur le fondement de l'article L. 80 A du LPF. D'une part, la logique de cette opposabilité est processuelle et non normative, et d'autre part, un principe de confiance légitime découle de ce mécanisme de garantie.

III. LA NEUTRALISATION DE LA DOCTRINE ADMINISTRATIVE

A. Les critères de recevabilité des recours

1. Le traditionnel recours pour excès de pouvoir

Un recours pour excès de pouvoir est ouvert contre une instruction fiscale conformément à l'arrêt du Conseil d'État de 2002, Madame Duvignères, dès lors qu'une interprétation revêt un caractère impératif. Le juge vérifie que le demandeur a bien un intérêt à agir sans que le délai de droit commun de deux mois à compter de sa publication soit une cause de forclusion.

2. L'annulation de la doctrine administrative

Les conséquences d'une annulation d'une instruction fiscale doivent être nuancées. En principe, l'annulation de l'instruction fiscale fait disparaître l'acte de l'ordonnancement juridique. Cependant l'annulation n'a pas pour effet de priver le contribuable du mécanisme de garantie pour les années antérieures.

B. La lecture littérale de la doctrine administrative

1. L'absence d'intention de l'administration

En principe, une instruction fiscale n'a pas d'esprit, il n'y a pas lieu de rechercher l'intention de son auteur. Le juge de l'impôt a considéré dans un premier temps que la théorie de la fraude à la loi ne pouvait s'appliquer à la doctrine administrative, les contribuables s'étant conformés à la lettre de l'instruction.

2. L'abus de droit d'une doctrine administrative

Étendant le champ d'application de la procédure de répression des abus de droit, la deuxième loi de finances rectificative pour 2008 procède à cette extension en y intégrant les décisions qui font l'objet d'un détournement frauduleux. Or, la doctrine administrative se rattache à cette catégorie juridique. Désormais, la procédure d'abus de droit est susceptible de s'appliquer si l'application de cette doctrine administrative générale va à l'encontre des objectifs poursuivis par son auteur.

LES RESCRITS FISCAUX 13

I. LA DÉFINITION DU RESCRIT

A. Les cinq critères cumulatifs du rescrit

1. Le rescrit est une garantie

La prise de position de l'administration peut lui être opposée par le bénéficiaire du rescrit, et uniquement par lui, sauf si le rescrit est publié dans la base Bofip en devenant ainsi opposable par tous. Cette garantie, valable même en cas de contrariété à une norme de droit supérieure, est limitée au contenu de la question posée par le bénéficiaire. L'administration ne peut qu'abroger un rescrit, mais aucunement le retirer. En outre, le rescrit est une garantie individuelle. Le rescrit précise « l'application de la norme à une situation particulière », il n'est pas « un outil général d'interprétation de la norme ».

2. Le formalisme du rescrit

En troisième lieu, la question doit exposer loyalement et précisément la situation dans la mesure où le rescrit lie l'administration. En quatrième lieu, le rescrit n'est pas obligatoire. L'usager est libre dans son utilisation du rescrit, il peut ne jamais souhaiter s'en prévaloir. En cinquième lieu, le rescrit est indépendant d'une prise de décision ultérieure de l'administration.

B. La bonne foi du contribuable

1. La présomption de bonne foi

Le contribuable doit être de bonne foi. L'absence de bonne foi ne peut se déduire à elle seule de ce qu'Il n'a pas souscrit à ses obligations déclaratives en faisant application d'une position formelle antérieurement adoptée à son égard. L'administration adopte une position inverse.

2. La charge de la preuve

Elle incombe par principe à l'administration des finances publiques qui peut écarter la bonne foi sur des critères objectifs, y compris intentionnels.

II. LES DIFFÉRENTS TYPES DE RESCRIT

A. Le rescrit général

1. L'interprétation d'un texte au regard d'une situation de fait

Le rescrit est général en ce qu'il s'applique à tous les impôts et est susceptible de jouer à chaque fois que l'administration a formellement pris position sur l'appréciation d'une situation de fait au regard d'un texte fiscal.

2. Le délai de réponse de l'administration

Au titre de ce rescrit général, l'administration dispose donc d'un délai de trois mois pour se prononcer, et ce délai court à compter de la réception d'un dossier complet. Seule une réponse expresse de l'administration fiscale constitue une prise de position susceptible de lui être opposée à la condition qu'elle respecte les autres conditions.

B. Les rescrits sectoriels

1. Le rescrit « anti-abus de droit »

Le rescrit « anti-abus de droit » permet au contribuable de connaître la licéité du montage espéré. Le contribuable doit accompagner sa demande de l'ensemble des éléments nécessaires à l'administration fiscale pour apprécier la portée de l'opération. En cas d'acceptation ou à défaut de réponse dans le délai de six mois, le contribuable est assuré de ne pas voir son montage remis en cause.

2. Le rescrit « prix de transfert »

Le rescrit « prix de transfert » permet aux entreprises de connaître la prise de position de l'administration sur un texte précis. Ici, le silence de l'administration ne vaut pas acceptation de la demande

3. Le rescrit « valeur »

La procédure de rescrit « valeur » permet au chef d'entreprise souhaitant faire don de son outil de travail de consulter l'administration sur la valeur à laquelle il estime son entreprise. Ce rescrit est fort utile pour éviter des contestations ultérieures des droits de donation ou de succession.

4. Le rescrit « mécénat »

L'article L. 80 C du LPF, issu de l'article 1-III de la loi du 1er août 2003 relative au mécénat, aux associations et aux fondations, donne aux organismes recevant des dons une plus grande sécurité juridique en leur permettant de s'assurer, avant qu'ils ne délivrent des reçus fiscaux, qu'ils répondent aux critères définis aux articles 200 et 238 bis du Code général des impôts (CGI) afin que les dons qui leur sont alloués ouvrent droit à une réduction d'impôt. L'absence de réponse de l'administration dans le délai de six mois qui lui est imparti vaut accord tacite.

5. Les rescrits tacites

Enfin, il existe une multitude de rescrits spécifiques qui comportent des accords tacites faute de réponse dans un délai de six mois. Il s'agit des demandes portant respectivement sur l'éligibilité de certains investissements à un régime d'amortissement exceptionnel, ou de certaines opérations à un régime d'exonération d'impôt sur les bénéfices prévus en faveur des entreprises nouvelles, des entreprises qui s'implantent en zone franche urbaine (ou en zone de revitalisation rurale), des jeunes entreprises innovantes, des jeunes entreprises universitaires ou des entreprises participant à un projet de recherche et de développement dans un pôle de compétitivité. Les rescrits relevant du régime de l'accord tacite sont également ceux relatifs aux demandes des entreprises qui entendent se placer sous le bénéfice du crédit d'impôt recherche (CIR), aux demandes des opérateurs étrangers visant à établir l'absence d'établissement stable ou de base fixe en France au sens de la convention fiscale liant la France à l'État dans lequel ils sont résidents.

III. LE CONTENTIEUX DES RESCRITS

A. Le réexamen du rescrit

1. Une procédure équitable

Introduite par la loi de finances rectificative pour 2008, la possibilité de solliciter un second examen au fond contre les prises de position formelles de l'administration fiscale est codifiée à l'article L. 80 CB du LPF.

2. Une procédure administrative

La procédure de réexamen administratif fait intervenir un organisme administratif collégial et concerne exclusivement les décisions négatives prises dans le cadre de rescrits fiscaux, et ce dans un délai de deux mois à compter de la notification du refus.

B. Le contentieux juridictionnel

1. L'annulation de l'acte

Dans son arrêt du 2 décembre 2016 *Société Export Press*, le Conseil d'État considère que le rescrit fiscal est une décision détachable de la procédure d'imposition et, par suite, dont le recours pour excès de pouvoir est recevable.

2. Les destinataires d'un rescrit fiscal

L'ouverture de la voie du recours pour excès de pouvoir contre le rescrit fiscal concerne principalement les destinataires d'un rescrit défavorable. La décision du Conseil d'État *Société Export Press* de 2016 affirme cependant que les tiers intéressés peuvent subir des effets d'un rescrit fiscal. Un rescrit fiscal est éventuellement constitutif d'une aide d'État.

TITRE II

LES TECHNIQUES JURIDIQUES D'ÉTABLISSEMENT DE L'IMPÔT

LE CHAMP D'APPLICATION TERRITORIAL DE L'IMPÔT

14

I. LA RELATIVITÉ DU PRINCIPE DE TERRITORIALITÉ

A. La notion de territoire fiscal

1. Territoire fiscal et territoire politique

Le principe de territorialité de l'impôt n'a pas de valeur constitutionnelle mais définit le champ d'application de la loi fiscale dans l'espace. Le territoire fiscal n'est pas identique au territoire politique. Ainsi, en matière de TVA, les départements de la Martinique et de la Guadeloupe sont des territoires d'exportation vis-à-vis de la métropole. En matière d'IR, les collectivités d'outre-mer ne sont pas considérées comme faisant partie du territoire fiscal français.

2. Un territoire fiscal extensif

Le territoire fiscal français est plus étendu que le territoire politique en fonction d'une convention fiscale bilatérale. Ainsi, en vertu de la convention franco-monégasque, la TVA française est applicable à Monaco. Au demeurant, Monaco n'est ni un territoire d'exportation ou d'importation, ni un territoire de livraison intracommunautaire en fonction du droit communautaire.

3. L'autonomie fiscale de l'outre-mer

Les collectivités territoriales peuvent édicter des impositions différentes de la métropole. Tel est le cas des collectivités d'outre-mer qui sont dotés d'un pouvoir d'imposition et qui ont établi une convention fiscale bilatérale pour éviter des doubles impositions avec la métropole. Tel est encore le cas des autres départements ultramarins qui ont un taux de TVA plus faible qu'en métropole ou qui ne connaissent pas encore la TVA (Guyane).

B. Des critères de localisation variable

1. Le siège, critère de rattachement

Le champ d'application territorial de l'IR ou de l'IS comporte une part significative d'extraterritorialité liée au domicile fiscal des personnes physiques ou au siège social des entreprises, voire à la définition même d'une entreprise « exploitée en France ». Une entreprise étrangère exploite une entreprise en France lorsqu'elle y exerce de manière habituelle une activité commerciale par l'intermédiaire d'un établissement permanent et autonome, ou bien d'un représentant dépourvu de personnalité professionnelle distincte, ou bien lorsque les opérations réalisées en France forment un cycle commercial complet.

2. La nationalité, critère extraterritorial

Le critère de la nationalité en tant que critère interne de rattachement fiscal est difficile d'application. La nationalité constitue certes un critère d'identification de la résidence fiscale au sens de l'article 4 A du modèle OCDE, encore que ce critère soit résiduel dans l'analyse conventionnelle. En droit interne, des critères fondés sur la nationalité, tant des personnes morales que des personnes physiques, se heurtent à des interdictions de discriminations au sens de l'article 18 du TFUE.

3. Le domicile fiscal, critère de rattachement

La loi du 29 décembre 1976 modifiant les règles de territorialité et les conditions d'imposition des Français de l'étranger fait du domicile fiscal la matrice du champ d'application personnel tant de l'IR que des droits de mutation à titre gratuit et de l'IFI. La territorialité de l'impôt se présente ainsi comme un critère de rattachement à la compétence fiscale étatique.

II. L'OBSOLESCENCE DU PRINCIPE DE TERRITORIALITÉ

A. Un principe de territorialité mâtiné de mondialité

1. Les dérogations extraterritoriales

Afin de faciliter l'investissement hors de France des entreprises établies en France, il existe des dérogations au principe de territorialité de l'IS. La notion d'aides à caractère commercial permet de déduire en France des pertes supportées à l'étranger.

2. Les relocalisations en France

Symétriquement, afin de limiter les délocalisations artificielles de bénéfices à l'étranger, le législateur a été conduit à introduire des aménagements à la notion d'« entreprise exploitée en France ». L'article 209 B du CGI prévoit que les sociétés françaises sont soumises à l'IS sur les bénéfices de leurs filiales et succursales établies dans un État ou territoire à fiscalité privilégiée.

B. La notion d'établissement stable

1. La source des revenus

L'établissement stable est caractérisé par l'existence d'une installation fixe d'affaires, suffisamment autonome en personnel et en matériel pour y générer un résultat imposable. On retrouve dans la rédaction actuelle de l'article 5 du modèle OCDE, qui définit en 1928 la notion d'établissement stable, la marque d'un lien raisonnable entre l'État de la source et l'origine de la création de valeur.

2. L'origine de la création de valeur

Toutefois, avec l'avènement d'une économie digitale, le principe de territorialité de l'impôt ne permet pas d'identifier une « entreprise exploitée en France » par une société qui se borne à collecter des données sans disposer en France d'établissement autonome ou de représentants dépendants. De fait, la localisation d'une telle entreprise peut se traduire par une perte de recettes.

3. La présence digitale significative

La Commission européenne a proposé en 2018 une nouvelle approche de l'établissement stable à partir de la notion de présence digitale significative. Il s'agit en quelque sorte de prendre acte d'une logique de création de valeur en réseau, afin de permettre l'imposition des bénéfices issus d'activités réalisées dans un État en l'absence d'installation physique.

15 LE CHAMP D'APPLICATION PERSONNEL ET MATÉRIEL DE L'IMPÔT

I. LE FAIT GÉNÉRATEUR DE L'IMPÔT

A. Les conditions légales de l'exigibilité de l'impôt

1. L'application individuelle et juridique de l'impôt

Cela peut être l'existence d'une date déterminée. Ainsi, le décès d'une personne rend exigibles les droits de succession. En matière d'IR, le fait générateur s'apprécie au 31 décembre de l'année civile.

2. L'application individuelle et matérielle de l'impôt

Cela peut être un fait matériel. Ainsi, en matière de taxation des alcools, c'est la mise en circulation ou la consommation qui rend exigibles les droits. En matière de TVA, c'est la livraison d'un bien ou l'exécution d'une prestation de services. Les droits de mutation à titre onéreux sur un immeuble sont constitués à la date du transfert de propriété du bien.

B. La naissance de la créance fiscale

1. La date d'exigibilité de l'impôt

Toutefois, c'est la date d'exigibilité qui permet au Trésor public de faire valoir sa créance. Pour l'IR, la date d'exigibilité est effective à la date d'émission du rôle. C'est au dernier jour fixé dans ce rôle que le comptable peut engager des poursuites faute de paiement dans les délais. En matière de TVA, il faut distinguer les livraisons de biens, pour lesquelles le fait générateur coïncide avec la date d'exigibilité, des prestations de services pour lesquelles la date d'exigibilité est fonction des paiements.

2. L'application de la loi dans le temps

Le fait générateur commande l'application de la loi dans le temps. Il permet de déterminer quel est le régime juridique applicable en cas de changement de législation. Il constitue par ailleurs le point de départ des délais de prescription.

II. LA MATIÈRE IMPOSABLE

A. La délimitation de la matière imposable sur le revenu

1. Un impôt synthétique sur le revenu

Depuis la réforme de l'IR, intervenue en 1917, le législateur a opté pour un régime mixte, mêlant des impôts cédulaires et un impôt général sur le revenu. L'impôt cédulaire permet d'adapter l'imposition à la nature des revenus et à leur origine. En revanche, l'impôt général sur le revenu permet de soumettre le contribuable à un tarif uniforme.

2. La personnalisation de l'IR

L'adoption d'un système mixte, permet de cumuler les avantages respectifs : le maintien de discriminations selon les revenus et le souci de personnalisation selon une imposition globale. Ainsi, l'IR comporte huit catégories de revenus dont les règles d'évaluation sont distinctes, mais l'ensemble de ces revenus catégoriels est soumis au barème progressif de l'impôt sur la base d'un revenu net selon un quotient familial.

B. La délimitation de la matière imposable sur le capital

1. Un impôt analytique sur le capital

Les impositions analytiques sur la détention d'un patrimoine privé sont nombreuses. On peut citer les impositions locales sur la détention de biens immobiliers (taxes foncières). De nombreuses impositions qui ont varié dans le temps viennent frapper la détention d'un véhicule à moteur supposé être un élément de richesse capitalistique. Cela étant, la taxe sur les objets de luxe, instituée en 1917, a frappé la circulation des biens et non pas, à proprement parler, la détention de ces biens.

2. Un impôt synthétique sur le capital

Les impositions synthétiques sur le capital ont suscité de nombreuses controverses tant pour l'impôt sur l'actif successoral, supposé frapper la transmission d'un patrimoine d'une génération à l'autre, que pour l'IFI dont la conception a été modifiée en 2018, en éliminant de son assiette les valeurs mobilières et les créances de toutes natures.

16 L'ÉVALUATION DE L'IMPÔT

I. L'ÉVALUATION DE L'IMPÔT SELON UNE MÉTHODE DÉCLARATIVE

C'est le procédé de droit commun au titre duquel la collaboration du contribuable est requise.

A. La déclaration contrôlée

1. L'impôt déclaratif

La connaissance de la matière imposable par l'administration fiscale repose sur un principe déclaratif. On en trouve trace au Moyen Âge avec la dîme saladine. En droit positif, la déclaration contrôlée constitue le socle du civisme fiscal. La connaissance de la matière imposable au niveau individuel est la clé de voûte d'une justice fiscale effective au même titre qu'un rendement efficient de l'impôt.

2. Le contrôle de la sincérité des déclarations

Le premier avantage est de fournir une évaluation précise de la matière imposable. Le second avantage tient aux modalités allégées de contrôle de l'administration fiscale. Cette dernière n'est chargée que de vérifier la sincérité des déclarations établies.

B. La déclaration d'impôt préremplie

1. Le procédé de la déclaration préremplie

Grâce aux recoupements dont est bénéficiaire l'administration fiscale, une diminution de la fraude a été constatée au fil du temps, et notamment au titre des bulletins « orphelins », c'est-à-dire pour les personnes qui ne produisaient pas de déclaration. Progressivement, l'administration fiscale a prérempli certaines rubriques de l'IR avant de passer à la déclaration tacite.

2. L'identification préalable des revenus par des tiers

Cette déclaration tacite ne permet pas encore de relever des revenus du patrimoine comme les revenus fonciers ou bien encore les revenus des professions indépendantes. En revanche, pour les revenus répétitifs et déjà renseignés auprès de l'administration fiscale, le contribuable n'a pas à renvoyer de déclaration annuelle.

II. L'ÉVALUATION DE L'IMPÔT SELON UNE MÉTHODE INDICIAIRE

A. Les forfaits applicables

1. Une méthode simplifiée

C'est en matière de revenus professionnels que la méthode est la plus adaptée. Par principe, en fonction d'un seuil de recettes/chiffre d'affaires, le forfait est applicable de plein droit, sauf option pour une méthode d'évaluation réelle. La formule forfaitaire permet de déterminer un revenu net à un coût modéré.

2. Une prise en compte automatique des charges

En matière de bénéfices industriels et commerciaux, le chiffre d'affaires limite est fixé à 72 500 € pour les prestations de services et les locations immobilières, et à 176 200 € pour les livraisons de biens. Ce régime micro-BIC permet de déduire forfaitairement 50 % (71 % pour certaines locations immobilières) au titre des charges sans avoir à tenir de comptabilité. En matière de bénéfices non commerciaux, le seuil du micro-BNC est fixé à 72 500 € et l'abattement forfaitaire pour charges, à 34 %. Ce régime micro est étendu aux revenus fonciers pour ceux dont les recettes civiles ne dépassent pas 15 000 € et l'abattement forfaitaire pour charges de 30 %.

3. Un régime avantageux

Le forfait collectif en matière de bénéfices agricoles a été remplacé par un régime micro-BA à partir de 2016 pour ceux dont les recettes restent inférieures à 85 800 €. L'abattement forfaitaire pour charges est de 87 %. Ce régime demeure exclu pour les exploitants ayant opté pour le système d'imposition selon la moyenne triennale et pour ceux qui exercent des activités de préparation des équidés domestiques.

B. L'appréciation de la méthode forfaitaire

1. L'absence de comptabilité

Pour les contribuables, cette méthode qui n'est pas inquisitoriale a l'avantage d'une grande commodité et leur évite un contrôle approfondi de la comptabilité. Pour l'administration, une lecture rapide de la déclaration lui permet d'examiner sa sincérité et lui procure des recettes grâce à un abattement forfaitaire important (pour les locations immobilières saisonnières).

2. Le choix de l'option pour le régime « réel »

Le régime micro demeure néanmoins approximatif. D'une part, le contribuable peut avoir plus de charges que le montant forfaitisé. Il a alors intérêt à opter pour un régime réel pendant une période minimale de trois ans.

D'autre part, le contribuable peut avoir intérêt à maintenir le régime micro eu égard aux avantages fiscaux qui en découlent, notamment en matière agricole.

III. LA MÉTHODE D'ÉVALUATION INDICIAIRE

A. L'évaluation d'office par l'administration

1. Le défaut de loyauté du contribuable sanctionné

La disparition de cette méthode indiciaire est récente (1987). La procédure d'imposition d'après les dépenses personnelles ostensibles ou notoires (ancien article 180 du CGI) était techniquement surpassée par la taxation d'office pour défaut de réponse à une demande de justifications (articles L. 16 et L. 69 du LPF). En effet, la procédure de taxation d'office permet d'imposer le solde net entre l'ensemble des flux sortants et des flux entrants (balance de trésorerie) en l'absence de justifications, et non pas seulement la taxation d'une partie des flux sortants.

2. Les faiblesses de l'impôt indiciaire

Comme tout impôt injuste, l'impôt indiciaire qui avait néanmoins été favorablement accueilli à la Révolution française est peu productif en raison d'une faible élasticité économique. Au XIXe siècle, l'impôt sur l'air et la lumière (contribution sur les portes et fenêtres) a conduit à limiter le nombre des ouvertures dans les façades, voire à murer des fenêtres existantes.

B. La taxation d'après les signes extérieurs de richesse

1. Le train de vie d'un contribuable déloyal

En droit positif, il subsiste une taxation indiciaire. En dépit de l'atténuation de la sévérité de l'article 168 du CGI par le régime de la preuve contraire, le caractère inéquitable de ce dispositif est toujours d'actualité. L'article 168 du CGI définit la disproportion marquée en précisant d'une part le mode de détermination des deux termes de comparaison à prendre en considération (train de vie et revenus) et d'autre part l'écart qui doit exister entre ces deux termes et la période au cours de laquelle cet écart doit être constaté. La détermination de la base forfaitaire d'imposition résulte de l'application à certains éléments du train de vie d'un barème fixant pour chacun d'eux un revenu forfaitaire minimum.

2. Le barème forfaitaire des signes extérieurs de richesse

Le barème forfaitaire est critiquable. En premier lieu, l'article 168 permet de majorer artificiellement et de façon inéquitable le revenu réel d'un contribuable qui n'a rien dissimulé. En deuxième lieu, le barème manque de réalisme. Le signe extérieur relatif aux bateaux de plaisance est notable. Ce barème est quintuplé pour les bateaux de plaisance battant pavillon d'un pays ou territoire qui n'a pas conclu avec la France de convention d'assistance administrative en vue de lutter contre la fraude et l'évasion fiscales.

17 LE TARIF DE L'IMPÔT

I. L'ÉTABLISSEMENT DU TARIF

A. Une compétence normative étendue

1. Une extension du domaine de la loi

La compétence du législateur en matière de taux découle de l'article 34 de la Constitution. Elle est d'autant plus étendue que ce pouvoir fait défaut aux collectivités territoriales malgré l'article 72 de la Constitution. Bien plus, le législateur s'arroge le droit de réduire l'autonomie fiscale des collectivités territoriales en prononçant des dégrèvements d'impôts locaux.

2. Le déclin de l'autonomie fiscale des collectivités territoriales

Pour tenir compte de l'autonomie des collectivités territoriales, la loi du 10 janvier 1980 leur a accordé, par la voie de leur organe délibérant, le droit de voter les taux des impôts directs locaux. Les dégrèvements d'impôts locaux ont fait l'objet de compensations de l'État, qui se sont progressivement transformées en dotations, et ont *in fine* entraîné le déclin de l'autonomie fiscale locale. À l'occasion de la loi organique du 29 juillet 2004 relative à l'autonomie financière des collectivités locales, la capacité de fixer les taux d'imposition est interprétée comme une faculté des collectivités territoriales et non plus comme une obligation.

B. Les classifications de tarifs

1. L'impôt *ad valorem*

Les classifications en matière de taux retiennent une différence entre l'impôt spécifique et l'impôt *ad valorem*. Dans ce cas, l'impôt est fonction de l'évaluation de la matière imposable (la TVA est un impôt *ad valorem*). L'impôt à taux spécifique ne tient pas compte de la valeur mais de son volume ou de sa quantité (le droit fixe de 125 € est un droit à taux spécifique).

2. L'impôt de quotité

Une autre classification retenue différencie les impôts de quotité des impôts de répartition. Dans le premier cas, le législateur fixe par avance le taux de l'impôt, tandis que dans le second cas, le législateur fixe le produit global à recouvrer. Les États modernes ont abandonné l'impôt de répartition, jugé trop approximatif et déconnecté du développement économique.

II. LES ACTEURS DE LA LIQUIDATION

A. Le rôle prépondérant de la Direction des finances publiques

1. L'émission d'un rôle (un extrait) de l'impôt direct

Les services fiscaux sont chargés de la phase de liquidation de l'impôt lorsque la créance fiscale est recouvrée par voie de rôle (IR, impôts directs locaux, IFI). Le rôle est un titre exécutoire. Le contribuable reçoit un avis d'imposition qui n'est qu'un extrait du rôle nominatif.

2. La déclaration spontanée de l'impôt indirect

Au contraire, à défaut de rôle (impôts indirects, TVA, IS), c'est le redevable légal qui doit procéder au paiement spontané de l'impôt. Les délais de paiement et les éventuels acomptes sont variables selon les impôts.

B. Le recouvrement de l'impôt à la source

1. Le paiement de l'impôt en temps réel

Le prélèvement à la source de l'IR est entré en vigueur le 1er janvier 2019, conformément à l'ordonnance du 22 septembre 2017. Le prélèvement à la source consiste à déduire l'impôt avant versement du revenu : le montant de l'impôt est prélevé chaque mois sur le bulletin de salaire ou sur le titre de pension. Ainsi, le paiement est étalé sur douze mois et le décalage d'un an, supprimé.

2. L'ajustement du taux de prélèvement en cours d'année

Le taux de prélèvement est la seule information transmise à l'employeur ou à la caisse de retraite par l'administration fiscale, qui reste l'interlocuteur unique. Le prélèvement à la source de l'IR est donc opéré par des tiers. Les taux sont ajustés périodiquement pour tenir compte des informations transmises par le contribuable (naissance d'enfants, mariage…). Les revenus des professions indépendantes, comme les revenus fonciers, font l'objet d'un prélèvement par voie d'acompte, calculé et prélevé automatiquement chaque mois ou chaque trimestre par l'administration fiscale.

18 L'AMÉNAGEMENT FAMILIAL DE L'IMPÔT

I. LE DÉBAT SUR LA PROGRESSIVITÉ DE L'IMPÔT

A. Les thèses en présence

1. Progressivité *versus* proportionnalité

Un impôt proportionnel applique un taux unique quelle que soit l'assiette d'imposition. La progressivité suppose que le taux de l'impôt augmente en fonction de l'importance de la matière imposable. Un impôt est progressif si le taux croît avec l'assiette. Compte tenu de la définition de la progressivité, il est pratique de dire qu'un impôt est d'autant plus progressif que son taux marginal excède, pour un contribuable donné, son taux moyen.

2. La progressivité de l'IR par tranches

On distingue la progressivité par classes et la progressivité par tranches. Dans ce dernier cas, on procède à une liquidation séparée pour chacune des tranches et l'imposition totale résulte de leur agrégation. La progressivité est continue par tranches et, en pratique, plus il y a de tranches, plus l'impôt est progressif.

3. La progressivité, facteur de redistribution

Les thèses favorables à la progressivité de l'impôt véhiculent une logique de redistribution des richesses entre les contribuables. Cela devient un enjeu de la justice sociale. Au contraire, les partisans d'une imposition proportionnelle mettent en avant les apories de la progressivité sur l'insuffisance du mécanisme de redistribution et sur la prégnance d'une équité mathématique.

B. Les évolutions contemporaines

1. La multiplicité d'impôts proportionnels

La progressivité a perdu du terrain, en particulier par la création et surtout la montée en puissance de la cotisation sociale généralisée (CSG), ou encore par la limitation du nombre de tranches de l'IR. Le poids respectif des impôts proportionnels et progressifs fait plutôt pencher la balance vers les premiers.

2. La logique d'un système socio-fiscal

Une tentative de réforme a été de fusionner l'IR et un prélèvement fiscal à caractère social et proportionnel (la CSG). Pour certains économistes, la fusion de l'IR et de la CSG permettrait de rendre le système socio-fiscal plus progressif. Cette volonté s'est heurtée à de nombreux obstacles. En particulier, a été observée la difficile maîtrise de la définition d'une assiette unique (en fait, celle, essentiellement, de la CSG, avec les salaires bruts comme base d'imposition) et des transferts de charges entre contribuables. En outre, le Conseil constitutionnel a censuré la mise en progressivité de la CSG salariale parce qu'elle ne tenait pas compte de l'ensemble des revenus et charges du foyer fiscal.

3. L'émergence et l'enracinement d'une *flat tax*

La réforme de la fiscalité du patrimoine, en 2017, a vu l'émergence d'une *flat tax* en matière de taxation des produits financiers. Ce courant est porté par des économistes néolibéraux, adversaires de la progressivité de l'impôt qui, selon eux, aurait un effet désincitatif, provoquerait des distorsions des choix individuels et ne constituerait finalement qu'un mythe au regard de son objectif de justice sociale. Elle aggraverait les inégalités en constituant un frein à l'investissement, à la consommation et à l'activité économique en général. Ces auteurs préconisent de généraliser un impôt unique qualifié de *flat tax*.

II. LA PRISE EN COMPTE D'UNE POLITIQUE DÉMOGRAPHIQUE

A. Un enjeu démographique

1. La montée en puissance du quotient familial

La défaite de 1940 avait ravivé le spectre du déclin démographique. Depuis la loi du 31 décembre 1945, un incitant fiscal accompagne la politique familiale de l'État. En France, l'impôt progressif sur le revenu est payé au niveau du foyer fiscal et tient compte du nombre d'enfants. L'imposition dépend donc à la fois du statut marital et du nombre de personnes à charge. Chaque enfant supplémentaire dans le foyer fiscal réduit l'impôt dû, et de manière accentuée à partir du troisième enfant. Le quotient conjugal prend en compte la capacité contributive au niveau du foyer tandis que le quotient familial assure une redistribution horizontale intrafamiliale en réduisant l'impôt.

2. La personnalisation de l'IR

Cette politique publique s'appuie principalement sur le mécanisme du nombre de parts. L'attribution d'une part pour le conjoint marié ou pacsé permet de calculer l'IR moyen du couple. Le nombre de parts augmente également avec le nombre d'enfants. Ces deux dispositifs sont respectivement désignés comme quotient conjugal et quotient familial.

3. Une politique des bas revenus

Deux mécanismes affectant les effets du quotient conjugal ont ainsi été modifiés récemment : la décote et la prime pour l'emploi (PPE). Il s'agit des deux principaux dispositifs qui intégraient des composantes uniquement relatives aux caractéristiques individuelles et non au niveau du foyer. La PPE, créée en 2001, a existé jusqu'en 2015 sous la forme d'un crédit d'impôt individualisé.

B. Un enjeu fiscal

1. L'assujettissement partiel de l'IR

Selon une étude de l'Institut national de la statistique et des études économiques (Insee) de novembre 2019, les mécanismes conjugaux et familiaux rendent 4,7 millions de ménages non imposables. Ces dispositifs ont réduit annuellement le montant des prélèvements obligatoires de 27 milliards d'euros.

2. Le plafonnement du quotient familial

Les majorations de quotient familial sont susceptibles de faire l'objet d'un plafonnement pour limiter l'avantage fiscal procuré par le système du quotient familial depuis 1981. En effet, les hauts revenus pouvaient réduire leur imposition en fonction du nombre de parts du foyer fiscal. Progressivement, le plafonnement du quotient familial a été abaissé pour atteindre un montant maximum de 1 567 € la demi-part

3. L'avenir du quotient conjugal

La France est une exception à ce titre. La plupart des pays appliquent une imposition séparée totale ou tiennent compte des revenus des conjoints sous une forme différente, *via* un crédit d'impôt ou un abattement. Certains permettent aux membres des couples de choisir entre une imposition séparée et une imposition conjointe.

LES PROCÉDURES DE RECOUVREMENT DE L'IMPÔT 19

I. LA PROCÉDURE DE RECOUVREMENT AMIABLE

A. Le caractère exécutoire du rôle

1. Les poursuites des comptables

Le rôle est un titre exécutoire de recouvrement de l'impôt en vertu duquel les comptables effectuent et poursuivent le recouvrement des impôts directs. Le rôle est matérialisé par des listes dressées par le directeur départemental des finances publiques où figurent les contribuables passibles de l'impôt.

2. Les effets dans le temps du titre exécutoire

La mise en recouvrement du rôle, qui interrompt la prescription du délai de reprise de l'administration, intervient à la date fixée par la décision administrative homologuant le rôle, et non à la date de réception de l'avis d'imposition délivré au contribuable

B. L'avis de mise en recouvrement

1. La phase préliminaire des poursuites

L'avis de mise en recouvrement (AMR) est le titre exécutoire par lequel le comptable authentifie la créance fiscale non acquittée, ou acquittée partiellement, ou payée au moyen de chèque impayé dans la limite temporelle du droit de reprise. Ce n'est pas un acte de poursuite, il représente la phase préliminaire aux poursuites susceptibles d'être engagées dès constatation du non-paiement de l'impôt.

2. Les effets de l'AMR

Quatre effets s'attachent à la notification de l'AMR :

- authentification de la créance du Trésor ;
- autorisation d'engager les poursuites après mise en demeure ;
- ouverture du délai de réclamation contentieuse ;
- ouverture du délai de prescription de quatre ans de l'action en recouvrement.

Une procédure de relance commune à tous les impôts a été instituée depuis le 1er octobre 2011.

II. LA PROCÉDURE DE RECOUVREMENT FORCÉ

A. Le privilège du Trésor

1. L'usage des procédures de droit commun

Les comptables publics peuvent user des procédures de droit commun pour recouvrer des créances fiscales, notamment par le mécanisme des saisies.

2. L'usage d'une procédure spécifique

Le recouvrement des impôts de toute nature et des taxes assimilées est garanti par un privilège dont le Trésor bénéficie jusqu'à prescription de sa créance. Pour l'exercice de ce privilège, les comptables publics chargés du recouvrement de l'impôt disposent d'une procédure dérogatoire au droit commun. Ils peuvent, par une simple demande intitulée « avis à tiers détenteur » (ATD), obliger un tiers à verser les fonds appartenant ou devant revenir au redevable, à concurrence des impôts dus par celui-ci.

B. Le défaut de paiement dans les délais

1. L'envoi d'une mise en demeure

À défaut de paiement des sommes mentionnées sur l'AMR ou de réclamation assortie d'une demande de sursis de paiement avec constitution de garanties, le comptable notifie au redevable de l'impôt une mise en demeure avant d'engager des poursuites à l'expiration d'un délai de vingt jours. La mise en demeure constitue un acte interruptif de prescription. Cette mise en demeure interrompt dans tous les cas la prescription quadriennale du recouvrement et fait courir un nouveau délai de quatre ans.

2. Le commandement de payer

Les services de la DGFIP n'utilisent désormais que le commandement de payer dans la procédure de saisie immobilière. La notification de la mise en demeure de payer tient lieu du commandement préalable à la saisie-vente prescrit par le Code de procédure civile. C'est un acte de poursuites, préalable à une saisie, utilisé par les comptables de la DGFIP et par lequel le débiteur de l'impôt est sommé de payer sa dette. La mise en demeure est suivie d'un commandement de payer.

3. Les mentions obligatoires

Le commandement mentionne, *à peine de nullité*, la désignation du titre autorisant les poursuites, l'AMR ou les références du rôle et de l'avis d'imposition, le montant de la créance du Trésor à acquitter et l'ordre de payer la somme réclamée sous peine de la contrainte par voie de droit.

4. Le contentieux du recouvrement de l'impôt

Celui-ci relève, tantôt du domaine du juge judiciaire, tantôt de celui du juge de l'impôt. Relève de la compétence du juge judiciaire la régularité des conditions d'envoi d'un avis d'imposition (constatation de fait, et non-examen d'une contestation relative à l'existence de l'obligation de payer, au montant de la dette, à l'exigibilité de l'impôt). Relève de la compétence du juge administratif (le juge de l'impôt) l'exigibilité d'un impôt dont le recouvrement est poursuivi, lorsque le contribuable n'a pas reçu l'avis d'imposition.

20 LA QUALITÉ DE REDEVABLE DE L'IMPÔT

I. LES REDEVABLES SOLIDAIRES

A. La solidarité en fonction d'une union conjugale

1. La solidarité par une imposition commune

Quel que soit leur régime matrimonial, la solidarité fiscale entre époux est instituée pour l'IR, l'IFI et la taxe d'habitation. Cette solidarité a été étendue aux personnes sous contrat de pacte civil de solidarité (Pacs). Le divorce (ou la séparation de corps) met fin à l'imposition commune des époux à l'IR. Le point de départ de l'imposition distincte est le 1er janvier de l'année au cours de laquelle les époux ont été autorisés par le juge à avoir des résidences séparées. Les époux restent en principe solidairement tenus pour les périodes antérieures d'imposition commune, ce qui signifie que l'administration peut poursuivre l'un ou l'autre d'entre eux en paiement de l'intégralité de la dette fiscale du couple.

2. La décharge en responsabilité solidaire

L'administration peut engager la procédure de recouvrement en notifiant les actes de poursuites à un seul des débiteurs solidaires de la dette fiscale. Il existe néanmoins une procédure spécifique de demande en décharge de responsabilité solidaire pour les personnes divorcées ou séparées. Il faut qu'au jour où la demande de décharge est présentée, les conditions suivantes soient réunies :

- une rupture effective des époux : ils sont divorcés ou séparés de corps, ils ont été autorisés par le juge à avoir des résidences séparées ou l'un d'entre eux a abandonné le domicile conjugal ;
- le respect par le demandeur de ses obligations déclaratives en matière d'IR ;
- l'absence de manœuvres frauduleuses menées conjointement par les deux époux dans le but d'éluder l'impôt afférent à l'imposition commune ;
- l'existence d'une disproportion marquée entre le montant de la dette fiscale du couple – prélèvements sociaux inclus – et la situation financière et patrimoniale nette de charges du demandeur

B. La solidarité en fonction d'une communauté de liens

1. Les dirigeants de droit ou de fait

Les dirigeants d'entreprise sont tenus solidairement au paiement des impositions et des pénalités qui sont dues sous réserve que le dirigeant ait commis des manœuvres frauduleuses ou des manquements graves et répétés à ses obligations fiscales. L'objectif de cette action en responsabilité est d'exploiter la solvabilité du dirigeant. La solidarité fiscale n'est pas un obstacle à ce que le dirigeant soit également poursuivi en comblement de passif pour un montant qui inclut la créance fiscale.

2. Les cessions de fonds de commerce

Le cessionnaire d'un fonds de commerce ou d'une entreprise non commerciale est solidairement responsable avec le cédant du paiement de l'IR établi au titre de deux périodes consécutives qui précèdent la cession. L'acquéreur est solidairement responsable avec le vendeur à concurrence du prix de vente du fonds de commerce. La durée de la solidarité fiscale entre l'acquéreur et le vendeur est en principe égale à 90 jours à compter du jour du dépôt de la déclaration des résultats par le vendeur du fonds de commerce, ou du dernier jour imparti pour la déposer en l'absence de dépôt dans les temps.

II. LES REDEVABLES PAR EXTENSION

A. L'action paulienne

1. L'inopposabilité d'actes de mutation

Afin de contrecarrer les agissements d'une organisation d'insolvabilité, l'action paulienne au sens du Code civil peut être mise en œuvre par le comptable public (comme par tout créancier) à l'encontre d'une personne physique ou morale. Il s'agit de combattre les actes à titre onéreux, sauf les paiements, et tous les actes à titre gratuit faits par leur débiteur en fraude de ses droits, et de faire annuler les conséquences dommageables d'un acte d'appauvrissement.

2. L'objet de l'action paulienne

L'action paulienne sanctionne la fraude du débiteur (par exemple donation en nue-propriété d'un bien immobilier à un héritier), laquelle doit être démontrée alors que l'action oblique sanctionne l'inertie, la négligence volontaire de ce dernier qui s'abstient d'exercer certains droits dont il est titulaire (retarder la perception d'une créance).

3. Le tiers poursuivi

Il s'agit donc de remettre en cause l'acte frauduleux pour recouvrer une créance fiscale. L'action paulienne n'est pas dirigée contre le débiteur lui-même, coupable de la fraude, mais contre son cocontractant, afin que l'acte passé en fraude des droits du créancier lui soit déclaré inopposable.

B. L'action oblique

1. La substitution à un débiteur défaillant

Elle permet au comptable public d'exercer à l'encontre d'un tiers des droits et actions dont son débiteur est titulaire en se substituant à ce débiteur, sans avoir besoin ni de son consentement, ni d'une autorisation de justice (le tiers pouvant s'exécuter spontanément à la demande de son créancier). Le but est de reconstituer le patrimoine du débiteur d'impôt et de rendre ainsi efficace l'exercice des voies d'exécution qui seront réalisées ultérieurement à son encontre.

2. Le partage d'indivision

L'action en partage permet au comptable public de récupérer sa créance fiscale. La solution s'applique, qu'il s'agisse d'une indivision successorale ou post-communautaire. L'action en partage n'est pas autorisée dans un partage de la communauté conjugale.

3. Les voies d'exécution

Le créancier peut pratiquer toutes mesures d'exécution du chef de son débiteur, dont une saisie-attribution. La jurisprudence admet de manière constante que le créancier d'un débiteur négligent puisse exercer à sa place une saisie-arrêt sur ses propres débiteurs par la voie de l'action oblique.

LES MODES DE PAIEMENT DE L'IMPÔT

21

I. LA DIVERSITÉ DES MODES DE PAIEMENT

A. La dation en paiement

1. Un paiement dérogatoire et exceptionnel

Si la dation en paiement par remise d'œuvres d'art peut apparaître comme une réhabilitation archaïque de l'impôt en nature, des corvées de l'Ancien Régime, cette procédure originale constitue avant tout un moyen d'enrichir et de diversifier le patrimoine artistique national.

2. Le choix de l'impôt en dation pour le patrimoine culturel

En premier lieu, les immeubles sont exclus du mécanisme de dation pour des raisons budgétaires. En second lieu, Il s'est agi d'enrichir un patrimoine artistique national. Pour atteindre cet objectif, le législateur a renforcé les missions régaliennes de l'État. En troisième lieu, le choix de l'impôt successoral en lien avec une transmission transgénérationnelle peut répondre à plusieurs objectifs. Foncièrement, le législateur souhaitait contenir financièrement la dation en paiement à un impôt dont le rendement restait limité mais supérieur à titre individuel à 10 000 €. En quatrième lieu, la dation en paiement est libératoire de l'impôt dû.

3. Le patrimoine naturel, objet de dation

La loi de finances pour 1996 a étendu la faculté de dation en paiement des droits de mutation à titre gratuit au profit du Conservatoire du littoral et des rivages lacustres. Les contribuables pouvaient déjà acquitter leurs droits de mutation en remettant à l'État des œuvres d'art, des livres, des objets de collection et des documents de haute valeur artistique ou historique. Ils peuvent désormais le faire en remettant au Conservatoire des espaces naturels littoraux.

B. Le paiement différé ou fractionné

1. Les droits de succession, objet d'un paiement différé ou fractionné

Pour faciliter le paiement des droits de succession, le législateur a prévu, lorsque l'actif successoral est composé majoritairement de biens non liquides, un paiement différé ou fractionné, sous réserve de garanties. La demande de paiement fractionné ou différé doit être formulée au moment du dépôt de la déclaration, accompagnée d'une offre de garanties suffisantes.

2. Le régime d'un paiement différé ou fractionné

Le paiement est différé jusqu'à un délai de six mois à partir du jour de la vente (ou de la donation) des biens reçus en nue-propriété. Le paiement fractionné permet un échelonnement des droits de succession sur une période d'un an, pouvant être allongée à trois ans si l'actif de succession est composé pour plus de la moitié de biens non liquides (par exemple immeubles, d'objets d'art, fonds de commerce).

3. Les garanties d'un paiement différé ou fractionné

Les garanties peuvent être constituées sur les biens successoraux. L'administration est libre de l'accepter ou de la refuser. En cas d'acceptation, les garanties doivent être constituées dans les quatre mois de la demande. Le paiement est accompagné d'un taux d'intérêt, actuellement de 1,2 %, pendant toute la durée du crédit.

II. LA SUSPENSION DE L'EXIGIBILITÉ DE L'IMPÔT

A. Le sursis de paiement

1. Le caractère non suspensif de la réclamation contentieuse

La présentation d'une réclamation portant sur le bien-fondé d'un impôt est sans effet sur le recouvrement : le contribuable doit acquitter l'intégralité des impositions contestées dans les délais impartis. Autrement dit, la contestation n'a pas d'effet suspensif. Toutefois, quelle que soit la nature de l'imposition contestée, le redevable dispose de la faculté de surseoir au paiement de la fraction litigieuse, droits et pénalités y afférentes, **à l**'appui d'une réclamation contentieuse recevable.

2. Les garanties liées à une demande de sursis de paiement

Le débiteur doit constituer spontanément, ou à la demande du comptable, des garanties propres à assurer le recouvrement de la créance lorsque la réclamation porte sur un montant de droits supérieur à 4 500 €.

3. Les effets du sursis de paiement

Le sursis produit ses effets jusqu'à la décision définitive de première instance, les effets suspensifs ne s'étendent pas aux recours ultérieurs devant la juridiction d'appel et *a fortiori* aux pourvois en cassation.

B. Le référé fiscal

1. Une procédure d'urgence

Toutes les garanties fournies à l'appui d'une demande de sursis de paiement sont en principe recevables. Le comptable chargé du recouvrement est seul compétent pour statuer et accepter, refuser les garanties offertes, soit expressément, soit tacitement par suite de son silence dans les 45 jours. En cas de refus d'acceptation, le contribuable dispose d'une procédure d'urgence : le référé fiscal.

2. Les délais du référé fiscal

Le contribuable doit déposer sa réclamation dans un délai de 15 jours à compter du refus ; Le juge administratif des référés dispose d'un mois pour trancher la teneur des garanties. Il ne faut pas confondre cette procédure avec celle du référé-suspension si un doute sérieux pèse sur la procédure d'imposition ou bien l'acte d'imposition et que l'urgence soit constatée (gravité des conséquences au regard de la situation du contribuable).

3. La compétence du juge judiciaire

Le recours relève de la compétence du tribunal de grande instance lorsque le sursis de paiement concerne les droits d'enregistrement, la taxe de publicité foncière, l'IFI et les droits de timbre. Le référé doit être engagé avant l'intervention du jugement au fond dès lors que le sursis de paiement ne suspend le recouvrement de l'imposition que jusqu'à l'intervention du jugement de première instance sur la contestation relative à l'imposition.

TITRE III

LES PROCÉDURES DE CONTRÔLE DE L'IMPÔT

LE PHÉNOMÈNE DE L'ÉVASION FISCALE 22

I. L'ENRACINEMENT DE L'ÉVASION FISCALE

A. L'évitement fiscal peut prendre plusieurs formes

1. Les résistances à l'impôt

Il peut s'agir d'une résistance à l'impôt qui est un phénomène très ancien et se manifeste par des révoltes ou plus généralement des mouvements de soulèvement populaires et périodiques. Les révoltes fiscales d'origine paysanne sont des formes classiques de protestation dans les États absolutistes de l'époque moderne. Le mouvement des Bonnets rouges ou des Gilets jaunes a brusquement réinscrit la révolte fiscale au cœur de la politique contemporaine.

2. Les montages artificiels

L'évitement peut prendre des formes plus sophistiquées pour échapper à l'impôt sans pour autant tomber dans l'illégalité. On parle alors d'une optimisation fiscale. Toutefois, le comité fiscal de l'OCDE a développé récemment une approche de l'évitement responsable d'une dilution de la justice fiscale en stigmatisant les montages fiscaux agressifs.

B. L'évasion fiscale internationale a été encouragée

1. Les paradis fiscaux

D'une part, une multitude d'États ont tenté d'attirer les capitaux par une législation fiscale attractive. On parle alors de « paradis fiscaux », en association avec une politique de secret bancaire ou de secret des affaires, ou bien de régimes fiscaux privilégiés internes à des États développés. La concurrence fiscale interétatique a été largement soutenue par des multinationales désireuses de cantonner leurs profits à l'abri du fisc.

2. La digitalisation de l'économie

La mondialisation et le développement d'une économie numérique ont contribué à faciliter l'évasion fiscale internationale dans la mesure où les modalités de répartition des compétences fiscales étaient articulées autour de concepts nés dans une économie où les chaînes de valeur rendaient imposables celle-ci dans l'État de consommation (la notion d'établissement stable). Tel n'est plus le cas avec une économie numérique où le siège de direction peut être distant de l'État de consommation et où la chaîne de valeur est disruptive.

II. LA PRÉVENTION DE L'ÉVASION FISCALE

A. La lutte contre l'évasion fiscale prend la forme d'une coopération interétatique

1. Les conventions fiscales bilatérales

Pour lutter contre l'évasion fiscale, les États ont très tôt rogné sur leur souveraineté en adoptant des conventions bilatérales destinées à limiter les doubles impositions et à favoriser la coopération. Toutefois, celle-ci restait limitée à des demandes précises de l'État requérant. Dans le tournant des années 2000, sous l'égide de l'OCDE, la coopération a été renforcée au point de mettre en place un échange automatique de renseignements sur certains revenus.

2. L'échange automatique de renseignements

Cette coopération a rapidement été étendue à l'Union européenne qui a modifié la directive épargne pour en faire un instrument d'échange automatique de renseignements en matière financière (pour les revenus de capitaux mobiliers) tout en éradiquant le secret bancaire.

B. La lutte contre l'évasion fiscale prend la forme d'un désarmement institutionnel

1. Le projet Base Erosion and Profit Shifting

Fer de lance de ces réformes structurelles, l'OCDE a lancé un programme d'actions de nature à limiter l'érosion de la base d'imposition et des transferts de bénéfices (Beps). Le Cadre inclusif sur le Beps rassemble plus de 125 pays et juridictions qui travaillent en collaboration pour mettre en œuvre ces mesures. Ces dernières concernent autant les instruments hybrides en mettant fin aux déductions multiples d'une même charge, aux déductions sans imposition correspondante ou aux crédits d'impôt multiples pour un seul montant d'impôt payé à l'étranger qu'en instituant une transparence financière afin de réformer les pratiques fiscales dommageables.

2. Lutter contre les montages agressifs

Il s'agit de redéfinir l'établissement stable afin de mettre un terme au recours artificiel de structures destinées à favoriser l'évasion fiscale, notamment par l'utilisation d'accords de commissionnaire et de stratégies similaires. De nouveaux défis attendent l'OCDE, notamment pour lutter contre le secret des affaires inhérent à des structures telles les trusts anglo-saxons.

III. LA RÉPRESSION DE L'ÉVASION FISCALE

A. La stratégie communicationnelle

1. La stratégie de régularisation fiscale

La stratégie de régularisation fiscale étant conjuguée à la procédure de régularisation mise en place par l'administration fiscale, les contribuables ne peuvent qu'être encouragés à révéler leurs manquements aux services fiscaux. Les pénalités étaient réduites sous certaines conditions. L'État a favorisé, de 2013 à 2017, des régularisations massives de déclarations fiscales avant la mise en œuvre de l'échange automatique de renseignements financiers.

2. Une cartographie des montages abusifs

Une carte des montages agressifs ou abusifs est régulièrement mise à jour par l'administration fiscale lors de ses communications. Selon une démarche de prévention et de sécurité juridique, il s'agit d'informer les contribuables sur les risques encourus par des montages destinés à réduire indûment l'impôt.

B. La stratégie répressive

1. Le renforcement des sanctions fiscales

Cette politique de lutte contre l'évasion fiscale s'est orientée vers un renforcement des sanctions fiscales et pénales. Les sanctions susceptibles d'être infligées en répression du délit de fraude fiscale n'avaient pas été modifiées depuis l'entrée en application de la loi du 30 décembre 1977. Sous la pression de l'opinion et des prévisions de recettes budgétaires déjouées par les rouages économiques, les lois de 2013 et de 2018 ont considérablement aggravé les sanctions. Rappelons que pour les personnes physiques, la sanction du délit de fraude fiscale est punie d'une peine de cinq ans d'emprisonnement et de 500 000 € d'amende. Lorsque la fraude est aggravée, les sanctions sont portées à sept ans d'emprisonnement et 3 000 000 € d'amende.

2. La lutte contre la fraude fiscale

Les outils de lutte contre la fraude fiscale ont été également améliorés. La judiciarisation du délit de fraude fiscale a conduit le législateur à lever le « verrou de Bercy » pour les infractions d'un montant supérieur à 100 000 €. Les moyens de contrôle de l'administration ont été rénovés au fil du temps. Ainsi, une procédure de « flagrance fiscale » est en vigueur depuis le 1er janvier. Elle permet à l'administration d'effectuer des saisies conservatoires et d'infliger une amende spécifique lorsqu'elle constate, au titre d'une période d'imposition qui n'a pas encore donné lieu à l'établissement d'une déclaration.

23 LES SANCTIONS FISCALES

I. LA NOTION DE SANCTION FISCALE

A. L'objet de la sanction

1. Punition *versus* réparation

Dans la ligne du Conseil constitutionnel (Cons. const., n° 82-155 DC, 30 déc. 1982), le Conseil d'État qualifie aujourd'hui une mesure de sanction à raison de son objet (CE, 5 avr. 1996, Houdmond). La décision prise ne doit pas seulement réparer, elle doit punir. Par suite, des intérêts de retard ne sont pas assimilés à des sanctions fiscales dans la mesure où ils réparent le préjudice subi par le Trésor public. La Cour de cassation qualifie une mesure de sanction à raison de son objet punitif (Cass. com. 29 avril 1997 n° 1068 PB, Ferreira). La gravité de la sanction encourue ou infligée n'est pas retenue.

2. Les majorations de droits

Les droits en principal ne constituent pas une sanction. Ils représentent la contribution aux charges publiques inhérentes à toute vie en collectivité. L'imposition n'a pour objet ni de réparer, ni de punir. Il en va de même pour l'abrogation d'un régime de faveur. La remise en cause d'un régime fiscal de faveur au motif que l'une des conditions requises pour en bénéficier n'est plus remplie ne constitue pas une sanction fiscale.

B. Le régime de la sanction

1. La pénalisation du droit fiscal

Par application du principe d'assimilation des sanctions fiscales aux sanctions pénales, les contribuables ont le droit d'invoquer des principes de droit pénal. Le principe de légalité des délits et des peines trouve son fondement juridique dans plusieurs textes fondamentaux, parmi lesquels l'article 8 de la DDHC.

2. La non-rétroactivité des sanctions fiscales

Le principe de non-rétroactivité de l'incrimination plus sévère a pour effet de prohiber l'application rétroactive non seulement d'un texte incriminant un justiciable à raison de faits commis avant son entrée en application, mais aussi d'un texte susceptible de conduire à l'infliction d'une sanction plus sévère que celle à laquelle le justiciable pouvait être soumis lorsqu'il a agi.

3. Les modulations des sanctions fiscales

L'administration fiscale peut réduire les sanctions fiscales à l'issue d'une transaction acceptée par le contribuable qui s'abstient alors de tout contentieux. Concurremment au cadre légal des remises et transactions, l'administration a développé la pratique dite du « règlement d'ensemble ». Le règlement d'ensemble peut ainsi permettre une réduction des droits dus en principal, et ce en l'absence de considération de la gêne ou indigence, ou encore le simple abandon d'un fondement de redressement pourtant valable.

II. LA SANCTION FISCALE ET LE DROIT EUROPÉEN

A. L'assimilation des sanctions fiscales aux sanctions pénales

1. L'accusation en matière pénale

Confrontée à la nécessité de préciser les contours de la notion d'accusation en matière pénale mentionnée dans l'article 6, § 1 de la Convention européenne des droits de l'homme, la cour éponyme a déterminé trois critères alternatifs. Le premier critère repose sur la qualification interne retenue. Le deuxième critère repose sur la nature de l'infraction, qui doit être pénale par nature. Le troisième critère repose sur le quantum de la sanction encourue. Une sanction peu importante tend, pour la juridiction européenne, à exclure la qualification d'accusation en matière pénale.

2. L'arrêt Bendenoun de la CEDH

L'assimilation des sanctions fiscales à des « accusations en matière pénale » au sens de l'article 6 de la convention est solennellement entérinée en 1994 par la CEDH dans le célèbre arrêt Bendenoun. Le droit au procès équitable est alors applicable aux sanctions fiscales.

B. La position des juridictions internes

1. L'application limitée de la jurisprudence Bendenoun

Faisant sienne cette interprétation, le Conseil d'État a considéré que relevaient du champ pénal de l'article 6, § 1 les pénalités fiscales (CE, avis, section, 31 mars 1995, *ministre du Budget c/ auto-industrie Méric*). Toutefois, les stipulations de l'article 6 ne sont applicables ni aux procédures d'établissement de l'impôt, ni aux procédures de recouvrement, ni aux dispositions relatives à la charge de la preuve, ni aux procédures contentieuses suivies devant l'administration, ni aux procédures juridictionnelles. Revenant sur sa jurisprudence, le Conseil d'État a, en 2006, reçu le moyen tiré de la violation de l'article 6, § 1, lors de la procédure d'établissement d'une sanction fiscale.

2. L'application modérée de la jurisprudence Bendenoun

La Cour de cassation applique pleinement le droit au procès équitable aux sanctions fiscales dans les limites de la notion de tribunal. Ainsi, la Commission des infractions fiscales (CIF) n'étant pas un tribunal, le droit au procès équitable n'est pas applicable. Le droit de ne pas contribuer à sa propre incrimination implique, en substance, qu'un accusé, dans le sens que lui donne l'article 6, § 1 de la convention européenne, ne peut pas être normalement sanctionné sur la base de ses allégations recueillies sous une contrainte physique, psychologique ou juridique. Le moyen tiré de la violation du droit de ne pas s'auto-incriminer n'a pas encore été reconnu bien-fondé en matière fiscale par les juridictions internes.

III. LE CONTRÔLE DE PROPORTIONNALITÉ DES SANCTIONS

A. Le principe de nécessité

1. Le test de proportionnalité

Le principe de nécessité de la peine est fondé en droit interne sur l'article 8 de la Déclaration des droits de l'homme et du citoyen de 1789. Selon cette disposition, « la loi ne doit établir que des peines strictement et évidemment nécessaires ». Tel est le cas de la décision QPC du 22 juillet 2016 par laquelle le Conseil constitutionnel a déclaré contraire à la Constitution l'amende proportionnelle de 5 % pour défaut de déclaration des comptes bancaires, ouverts, utilisés ou clos à l'étranger prévue au deuxième alinéa du IV de l'article 1736 du CGI. Il en est de même de la pénalité prévue à l'article 1740 A du CGI. Compte tenu de la sévérité de la sanction, de son caractère fixe et du caractère indirect du lien entre le manquement réprimé (délivrance irrégulière de documents) et l'assiette de l'amende (l'avantage fiscal obtenu par un tiers), il a jugé qu'en ne réservant pas le cas des personnes de bonne foi, l'amende de 25 % revêt un caractère manifestement hors de proportion avec la gravité de ce manquement (Conseil const. décision n° 2018-739 QPC du 12 octobre 2018).

2. L'erreur manifeste d'appréciation par le Conseil d'État

Se refusant cependant, à l'image du Conseil constitutionnel, à substituer leur propre appréciation à celle du législateur en ce qui concerne la nécessité des peines, les juridictions administratives se bornent à vérifier que la sanction encourue n'est pas manifestement disproportionnée. Encore faut-il préciser que le Conseil d'État reste très prudent car il exclut tout contrôle *in concreto* de la proportionnalité des sanctions fiscales à taux ou montant fixe (CE, 4 décembre 2017, *Société Edenred France*).

B. La modulation des sanctions

1. Le refus du Conseil d'État

Le juge administratif refuse toute modulation des sanctions fiscales. Si le caractère de plein contentieux du recours dirigé contre des sanctions fiscales suppose que le juge peut substituer, le cas échéant, sa propre décision à celle de l'administration, on comprend mal comment celui-ci pourrait se voir investi de pouvoirs plus étendus que ceux dont cette dernière dispose en vertu de la loi, sauf à reconnaître un pouvoir de modulation sans texte à l'administration elle-même. Dans un avis *Fatell* (CE, avis, 8 juil. 1998), le Conseil d'État a ainsi estimé que le juge de l'impôt ne pouvait se voir reconnaître un pouvoir de modulation des sanctions fiscales.

2. L'offensive de la Cour de cassation

Cette approche diffère de celle adoptée par le juge judiciaire de l'impôt depuis son arrêt Ferreira du 29 avril 1997, par lequel, sous le pavillon de l'article 6, § 1 de la convention, il s'est au contraire conféré un pouvoir de modulation, n'envisageant le taux ou le quantum fixé par le législateur que comme un maximum.

24 LES SANCTIONS PÉNALES

I. L'ENRICHISSEMENT DU DÉLIT DE FRAUDE FISCALE

A. Le délit général de fraude fiscale

1. Les éléments constitutifs du délit

Concurremment à des sanctions fiscales, l'administration dispose d'une arme pénale pour réprimer les manquements les plus graves aux obligations fiscales. Le délit légal est constitué par la réunion d'un élément matériel et d'un élément intentionnel. Aux termes de l'article 1741 du CGI, pratiquement toutes les dissimulations fiscales entrent dans le champ d'application du délit de fraude fiscale puisqu'en effet, sont visées celles qui excèdent le dixième de la somme imposable ou 153 €. Il faut tout d'abord qu'il y ait soustraction ou tentative de soustraction à l'établissement ou au paiement total ou partiel des impôts visés. Pour que le délit général de fraude fiscale, défini à l'article 1741 du CGI, soit constitué, il faut, en outre, que la soustraction à l'établissement ou au paiement de l'impôt soit intentionnelle, c'est-à-dire que l'auteur de l'infraction ait été animé par une volonté de fraude.

2. La dévolution de la charge de la preuve

Le délit de fraude fiscale peut être constitué par une dissimulation de recettes comme par l'omission de déclaration dans les délais, ou bien encore l'organisation de son insolvabilité pour se soustraire à l'impôt. La charge de la preuve incombe à l'administration. La chambre commerciale et la chambre criminelle de la Cour de cassation font une analyse différente de la question de la licéité de la preuve. La loi du 6 décembre 2013 relative à la lutte contre la fraude fiscale, partiellement invalidée par le Conseil constitutionnel, a consacré la légalité des preuves illicites.

3. Les délits annexes à la fraude fiscale

La finalité du délit de fraude fiscale conduit à identifier le blanchiment de capitaux à la source de l'évasion fiscale. L'intégration de la fraude fiscale dans le champ de détection des infractions sous-jacentes de blanchiment a été introduite par la troisième directive 2005/60/CE du 26 octobre 2005 relative à la lutte contre le blanchiment de capitaux, transposée en droit interne par l'ordonnance du 30 janvier 2009. Le blanchiment de fraude fiscale est donc une infraction autonome, prévue par l'article 324-1 du Code pénal, qui consiste à faciliter la justification mensongère de l'origine des biens ou de revenus de l'auteur d'un crime ou d'un délit.

B. L'arsenal pénal de répression de la fraude fiscale

1. Les infractions pénales

Trois infractions sont punies des peines prévues à l'article 1743 du CGI. La première est celle commise par quiconque a omis de passer ou de faire passer des écritures ou a passé ou fait passer des écritures inexactes ou fictives au livre-journal et au livre d'inventaire. La seconde est celle commise par quiconque, en vue de faire échapper à l'impôt tout ou partie de la fortune d'autrui, s'entremet, soit en favorisant les dépôts de titres à l'étranger, soit en transférant ou faisant transférer des coupons à l'étranger pour y être encaissés ou négociés. Enfin, la troisième infraction visée par l'article 1743 du CGI est celle commise par quiconque a fourni sciemment des renseignements inexacts en vue de l'obtention des agréments.

2. Le délit d'escroquerie

Réprimé par l'article 313 du Code pénal, le délit d'escroquerie est un délit d'action. Sa commission requiert l'accomplissement d'un acte positif : il faut avoir usé d'un faux nom ou d'une fausse qualité, abusé d'une qualité vraie ou commis une manœuvre frauduleuse. Mais l'escroquerie est également une infraction intentionnelle. L'élément moral de l'infraction d'escroquerie réside dans la conscience chez l'agent d'user de l'un des moyens incriminés dans le but « d'escroquer tout ou partie de la fortune d'autrui ». La qualification d'escroquerie en matière de TVA reste d'actualité en raison de la multiplication d'opérations carrousels.

3. La combinaison des délits

Les procédures de fraude fiscale et d'escroquerie sont certes distinctes mais, par leur combinaison, l'État bénéficie d'une action plus efficace pour lutter contre la fraude fiscale en matière de TVA. Elles sont donc, en pratique, employées simultanément. L'usage simultané est justifié car il ne s'agit pas d'un banal comportement d'évitement fiscal, mais plutôt d'une prédation sur les recettes des États membres organisée par des agents criminels qui tirent parti de la fragilité particulière du régime applicable aux transactions *business to business* (B2B) intracommunautaires

II. LA PLAINTE EN MATIÈRE DE FRAUDE FISCALE

A. L'initiative des poursuites

1. La fin du verrou de Bercy

Les poursuites pénales en vue de réprimer la fraude fiscale obéissaient, jusqu'à la loi relative à la lutte contre la fraude fiscale du 23 octobre 2018, à des règles exorbitantes du droit commun. En effet, l'initiative des poursuites était réservée depuis près d'un siècle à l'administration fiscale après avis favorable de la commission des infractions fiscales (CIF) (verrou de Bercy). En vertu des nouvelles dispositions de l'article L. 228-I du LPF, l'administration est tenue de dénoncer au procureur de la République les faits pouvant relever du délit de fraude fiscale dès lors qu'ils ont conduit à l'application, sur des droits dont le montant est supérieur à 100 000 €, à des pénalités prévues pour sanctionner des faits particulièrement graves (100 % pour opposition à un contrôle fiscal, 80 % pour activité occulte ou abus de droit, 40 % pour manquement délibéré ou pour non-dépôt d'une déclaration après une mise en demeure).

2. L'émergence du parquet financier en matière de fraude fiscale

Ainsi, des critères légaux imposent désormais la transmission des dossiers au parquet pour l'engagement des poursuites pénales et, corrélativement, la levée du secret fiscal au profit du procureur de la République avec lequel ils peuvent échanger indépendamment de l'existence de toute plainte, dénonciation ou procédure judiciaire en cours.

3. La place réduite de la CIF

Dans les autres cas, l'administration conserve le pouvoir d'initiative. Toutefois, la compétence de la CIF est réduite. Elle n'est plus appelée à rendre un avis sur les poursuites pénales engagées à l'initiative du procureur de la République. Néanmoins, La CIF est chargée de donner un avis à l'administration lorsque celle-ci envisage d'appliquer des amendes ou des majorations à l'encontre de personnes morales à raison de manquements graves caractérisés.

B. L'emprise de la négociation dans la répression pénale

1. La convention judiciaire d'intérêt public

En premier lieu, la convention judiciaire d'intérêt public vise les entreprises *corporate*. Cette convention implique une amende dont le montant est calculé de manière proportionnée aux avantages tirés des manquements constatés, dans la limite de 30 % du chiffre d'affaires moyen annuel constaté au cours des trois derniers exercices. Google a ainsi admis en 2019 une convention sur la base d'un règlement de 500 millions d'euros. Cette modulation de la sanction selon que le prévenu acquiesce ou non à l'exposé des faits et à la qualification pénale susceptible d'être appliquée est contraire au droit de ne pas contribuer à sa propre accusation.

2. La comparution sur reconnaissance préalable de culpabilité

En second lieu, la comparution sur reconnaissance préalable de culpabilité tend, de façon pragmatique, à réduire la charge des audiences correctionnelles et est désormais applicable au délit de fraude fiscale. C'est dans ce contexte, et en contrepartie de sa reconnaissance de culpabilité, que la banque Rey et Cie a négocié avec le parquet une amende de 1,8 million d'euros dans le cadre du délit de blanchiment aggravé de fraude fiscale. Somme toute, on a mis fin au verrou de Bercy, mais en autorisant l'administration fiscale à conclure une transaction en dépit de l'engagement d'une procédure pénale.

III. LE CUMUL DES SANCTIONS PÉNALES ET FISCALES

A. La position des cours européennes

1. La position prudente de la CEDH

La CEDH a reconnu en 2016, la complémentarité des procédures fiscales et pénales pourvu que ces réponses juridiques combinées ne représentent pas une charge excessive pour la personne en cause. Il est donc possible de réprimer la fraude fiscale à travers la mise en place d'une double poursuite mais les procédures doivent former un tout cohérent. L'article 4 du protocole n° 7, additionnel à la Convention européenne de sauvegarde des droits de l'homme (CESDH), doit alors être compris comme interdisant l'engagement de poursuites pénales pour des faits ayant déjà fait l'objet d'une procédure administrative de sanction close par une décision définitive. Toutefois, la France a, par une réserve lors de la ratification de ce protocole, écarté le principe *non bis in idem* des procédures administratives d'une part, et des rapports entre elles et la répression pénale au sens du droit interne d'autre part.

2. La position mesurée de la Cour de justice de l'Union européenne

La Cour de justice de l'Union européenne considère en 2013 que l'article 50 de la charte des droits fondamentaux de l'Union européenne ne s'oppose pas à ce qu'un État membre impose, pour les mêmes faits de non-respect d'obligations déclaratives dans le domaine de la TVA, une combinaison de sanctions fiscales et pénales dans la mesure où la première sanction ne revêt pas un caractère pénal, ce qu'il appartient à la juridiction nationale de vérifier. On remarquera la similarité de cette justification avec celle que retient le Conseil constitutionnel dans ses décisions de 2016 et de 2018, et selon laquelle les sanctions fiscales et pénales « permettent d'assurer ensemble la protection des intérêts financiers de l'État ». Autrement dit, l'objectif d'intérêt général de perception de l'intégralité de la TVA due peut justifier une limitation au principe *non bis in idem.*

B. La position des juridictions nationales

1. La position audacieuse du Conseil constitutionnel

Le principe de nécessité des délits et des peines ne saurait interdire au législateur de fixer des règles distinctes permettant l'engagement de procédures conduisant à l'application de plusieurs sanctions afin d'assurer une répression effective des infractions. Le juge constitutionnel a posé en 2016 et 2018 trois réserves d'interprétation dans l'objectif de maintenir le dualisme des procédures et des sanctions de la fraude fiscale. Le cumul n'est plus possible en cas de décision définitive de décharge de l'impôt pour un motif de fond ; le cumul est réservé aux cas les plus graves de fraude ; le cumul des sanctions ne peut dans tous les cas excéder la plus sévère des deux.

2. La position de retrait des juridictions internes

Les juridictions internes ont traditionnellement refusé de donner au principe *non bis in idem* une portée générale et absolue lorsque des mêmes faits pouvaient donner lieu à plusieurs sanctions de nature, en raison de la différence de nature et d'objet des sanctions. De plus, il est traditionnellement admis que le principe *non bis in idem*, tel qu'il résulte de l'article 4 du protocole n° 7 additionnel à la Convention européenne des droits de l'homme, ne trouve à s'appliquer, selon les réserves faites par la France en marge de ce protocole, que pour les infractions relevant en droit français de la compétence des tribunaux statuant en matière pénale.

3. La position de refus du Conseil d'État

De son côté, le juge administratif refuse, dans une décision du Conseil d'État en date du 12 octobre 2018, de considérer que la réserve a un caractère détachable de la conduite des relations internationales. Dans plusieurs arrêts du 11 septembre 2019, la chambre criminelle de la Cour de cassation a ainsi jugé qu'« il appartient au juge répressif d'appliquer l'article 4 au protocole n° 7 en faisant produire un plein effet à la réserve émise par la France en marge de ce protocole ». En d'autres termes, le juge s'est autolimité par l'effet d'une réserve écran.

L'ABUS DE DROIT EN MATIÈRE FISCALE 25

I. L'ABUS DE DROIT ET LA FRAUDE À LA LOI

A. Une construction prétorienne

1. L'origine jurisprudentielle

L'abus de droit fiscal est une création prétorienne, issue de la jurisprudence de la Cour de cassation du XIXe siècle, relative aux droits d'enregistrement. La Cour de cassation, dès le XIXe siècle, a estimé que des montages juridiques fictifs ou frauduleux ne sauraient être opposés au fisc. Elle se fondait sur quelques textes, mais surtout sur des principes généraux, parmi lesquels se distingue l'adage *Fraus omnia corrumpit* qui signifie que la fraude corrompt tout. Ainsi, tout acte entaché de fraude peut faire l'objet d'une action en nullité.

2. Le but exclusivement fiscal de l'abus de droit

À la suite de textes généraux, le juge administratif de l'impôt considère en 1981 que l'article 1649 quinquies B du CGI (devenu l'article L. 64 du LPF) permettait de réprimer un abus de droit se présentant non seulement sous la forme d'une simulation, mais également d'une fraude à la loi. Le juge suprême entérine l'idée que l'abus de droit est motivé par un but exclusivement fiscal.

3. L'abus de droit par fraude à la loi

Par son arrêt Halifax de février 2006, la Cour de justice de l'Union européenne reconnaît un principe général de répression de la fraude à la loi fiscale. Cette solution est reprise par le Conseil d'État dans la décision Janfin de septembre 2006. Ainsi, la fraude à la loi entre définitivement dans le domaine de l'abus de droit. La loi de finances rectificative pour 2008 donne une nouvelle définition de l'abus de droit, en visant tant la simulation que la fraude à la loi.

B. Les deux catégories d'abus de droit fiscal

1. Typologie de l'abus de droit

La loi fiscale ne donne pas de définition générale de l'abus de droit. L'article L. 64 du LPF se contente de distinguer entre ses deux branches, la simulation, c'est-à-dire les actes juridiques ayant un caractère fictif, et la fraude à la loi, définie de manière plus subtile. Dans ce cas, les actes juridiques sont réels mais reposent sur une succession d'actes qui structurent un montage artificiel.

2. Le caractère extensif de la fraude à la loi

La fraude à la loi est caractérisée par le bénéfice d'une application littérale des textes à l'encontre des objectifs poursuivis par leurs auteurs. Il revient à l'administration d'apporter la preuve de la fraude à la loi. L'abus de droit a été étendu à l'application littérale d'une doctrine administrative.

3. La sanction de l'abus de droit

La sévérité de la sanction attachée à la qualification d'abus de droit justifie qu'une procédure particulière entoure la répression de tels actes. Il s'agit en somme de l'approfondissement de la procédure contradictoire auprès du comité de l'abus de droit, composé de magistrats et de praticiens de la fiscalité. Si la qualification d'abus de droit est retenue, les droits sont majorés d'une pénalité de 80 %. La sanction est ramenée à 40 % lorsque le contribuable n'est pas le principal initiateur de cet abus de droit (actionnaire minoritaire dans une société par exemple).

II. L'ABUS DE DROIT ET LES MONTAGES ARTIFICIELS

A. Les montages abusifs

1. La montée en puissance de l'abus de droit en droit européen

La directive n° 2016/1164/UE du 12 juillet 2016, dite « Atad » (Anti-Tax-Avoidance Directive : directive sur la lutte contre l'évasion fiscale), contraint les États membres à insérer dans les conventions fiscales internationales une clause générale de prévention des abus en matière d'IS. Cette norme générale doit tendre à combler les lacunes des clauses spécifiques à certains abus particuliers, notamment par le biais de structures juridiques implantées dans différents États.

2. Le défaut de substance économique

Un montage abusif suppose une absence ou un défaut de substance économique.

Le juge de l'impôt se forge une opinion à partir de trois éléments : l'existence juridique régulière de la société (sa vie sociale, sa réelle implantation : locaux, personnels, équipements), et enfin son activité effective, se vérifiant notamment par la réalisation d'un chiffre d'affaires, les compétences professionnelles des salariés, ou encore le niveau d'autonomie de la société dans le processus de décision. C'est dans ce cadre que le holding 1929 a été jugé dépourvu de substance économique avant de disparaître de l'ordonnancement juridique du Luxembourg à la suite d'une plainte de la Commission européenne.

3. Les limites de l'optimisation fiscale

Dans un arrêt du 17 juillet 2013, le Conseil d'État a confirmé l'existence d'un abus de droit dans la situation où une société a acquis les titres de trois sociétés qui, ayant préalablement liquidé leurs actifs, lui ont distribué à bref délai leurs liquidités pour un montant voisin du prix d'acquisition. Respectant les conditions légales du régime mère-fille, la société mère avait revendiqué l'exonération des dividendes ainsi reçus. Elle avait par ailleurs déduit de son résultat imposable au taux plein de l'IS les provisions pour dépréciation qu'elle avait corrélativement comptabilisées à la clôture pour tenir compte de la dépréciation des titres fraîchement acquis, lesquels avaient la nature de titres de sociétés financières. L'abus de droit est ainsi caractérisé par le défaut de substance économique au regard de l'objectif du législateur qui avait institué en 1920 le régime mère-fille.

B. Le but principalement fiscal

1. Le caractère subjectif du but de l'opération litigieuse

Il semble, désormais, que l'Union européenne caractérise la fraude à la loi par une opération poursuivant un but principalement fiscal. Le but principalement fiscal résulte d'un montage purement artificiel, en ce sens que celui-ci est dépourvu de toute substance, notamment économique. À défaut de réalité, et de logique économique, l'opération ne saurait donc atteindre l'objectif fixé par l'auteur de la norme abusée.

2. La norme de référence en lien avec la normalité des opérations

L'article 109 de la loi du 28 décembre 2018 de finances pour 2019 codifié à l'article L. 64 A du LPF a pour objectif d'étendre la clause anti-abus en matière d'IS codifiée à l'article 205 A du CGI, à l'ensemble des autres impôts. Pour écarter un acte allant à l'encontre de l'objet ou de la finalité du droit fiscal applicable, l'administration doit en outre démontrer que cet acte a pour motif principal d'éluder ou d'atténuer les charges fiscales que l'intéressé aurait normalement supportées eu égard à sa situation ou à ses activités réelles si ces actes n'avaient pas été passés ou réalisés.

3. La patrimonialité du démembrement de propriété

Les transmissions anticipées de patrimoine, y compris lorsque le donateur se réserve l'usufruit du bien transmis, ne sont pas en elles-mêmes concernées par la procédure d'abus de droit prévue à l'article L. 64 A du LPF, sous réserve que les transmissions concernées ne soient pas fictives. En d'autres termes, le démembrement de propriété n'est pas en soi une cause d'abus de droit alors que le motif de réduction de l'impôt est bien caractérisé lors de cette transmission anticipée.

26 LES POUVOIRS D'INVESTIGATION DE L'ADMINISTRATION

I. LE POUVOIR DE RECTIFICATION DE L'ADMINISTRATION

A. Le droit de reprise de droit commun

1. La prescription triennale

Pour réparer les inexactitudes ou omissions de détermination de l'impôt, l'administration est dotée d'un droit de reprise étendu. Tant pour l'IR que pour l'IS, le droit de reprise de l'administration peut s'exercer jusqu'au 31 décembre de la troisième année qui suit celle au titre de laquelle l'imposition est due. Ainsi, jusqu'au 31 décembre 2020, l'administration est en droit de réparer et donc de vérifier les années 2017, 2018 et 2019. Certains impôts ont une durée de prescription plus brève (taxe d'habitation) ou plus longue (droits d'enregistrement en l'absence de déclaration).

2. L'interruption du délai de reprise

Ce droit de reprise de l'administration ouvre un délai de même durée au profit du contribuable qui peut ainsi corriger ses erreurs ou omissions, sauf texte contraire. La prescription a pour effet d'éteindre l'obligation du contribuable par le seul écoulement du délai et équivaut, lorsqu'elle est acquise, au paiement de l'impôt.

3. Un principe de substitution des motifs au profit de l'administration

Aux termes de l'article L. 203 du LPF, lorsqu'un contribuable demande la décharge ou la réduction d'une imposition quelconque, l'administration peut, à tout moment de la procédure et malgré l'expiration des délais de prescription, effectuer une compensation financière entre les dégrèvements reconnus justifiés et les insuffisances ou omissions de toute nature constatées par le service des impôts.

B. L'allongement du droit de reprise

1. La prescription décennale

Pour faire face à certains agissements frauduleux, le législateur a prorogé le délai de reprise. Ainsi, Lorsque l'administration, ayant découvert qu'un contribuable se livrait à des agissements frauduleux, a déposé une plainte contre lui, elle peut procéder à des contrôles et à des rehaussements au titre des deux années excédant le délai ordinaire de prescription. En outre, par exception, le droit de reprise de l'administration s'exerce jusqu'à la fin de la dixième année qui suit celle au titre de laquelle l'imposition est due, lorsque le contribuable exerce une activité occulte ou bien en cas de flagrance fiscale, ou bien encore pour ceux qui disposent d'avoirs non déclarés à l'étranger supérieurs à 50 000 €. Lorsque l'administration a, dans le délai de reprise, déposé une plainte ayant abouti à l'ouverture d'une enquête judiciaire pour fraude fiscale, les omissions ou insuffisances d'imposition afférentes à la période couverte par le délai de reprise peuvent, même si celui-ci est écoulé, être réparées jusqu'à la fin de l'année qui suit la décision mettant fin à la procédure et, au plus tard, jusqu'à la fin de la dixième année qui suit celle au titre de laquelle l'imposition est due.

2. La résurgence du droit de reprise

Enfin, il peut y avoir une résurgence du droit de reprise de l'administration. Même si les délais de reprise sont écoulés, les omissions ou insuffisances d'imposition révélées par une procédure judiciaire, par une procédure devant les juridictions administratives ou par une réclamation contentieuse peuvent être réparées par l'administration des impôts jusqu'à la fin de l'année suivant celle de la décision qui a clos la procédure et, au plus tard, jusqu'à la fin de la dixième année qui suit celle au titre de laquelle l'imposition est due.

II. LE DROIT DE COMMUNICATION DE L'ADMINISTRATION

A. Le droit de communication auprès des personnes privées

1. Le caractère extensif du droit de communication

Selon l'article L. 85 du LPF, les entreprises commerciales sont tenues de communiquer l'ensemble de leurs documents comptables. Les établissements bancaires et financiers doivent communiquer tous leurs documents de service (relatant les opérations bancaires, les transferts de fonds...). Enfin, les professionnels libéraux doivent communiquer l'identité de leurs clients, le montant, la date et la forme des versements perçus.

2. La dilution du secret professionnel

Peut-on opposer le secret professionnel à l'administration fiscale ? L'article L. 13-0 A du LPF donne aux agents de l'administration fiscale le pouvoir de demander des informations aux « personnes dépositaires du secret professionnel conformément aux dispositions de l'article 226-13 du Code pénal », comme le sont le médecin ou encore l'avocat. Toutefois, les agents de l'administration des impôts ne peuvent demander de renseignements sur la nature des prestations fournies par ces personnes.

3. Le caractère limité du droit de communication

Le droit de communication doit être ponctuel et précis pour éviter toute confusion avec le droit de vérification. Ainsi, le droit de communication n'a pas à être précédé des formalités requises dans une vérification de comptabilité. L'agent de l'administration fiscale qui exerce son droit de communication dans les locaux du « tiers » doit s'abstenir de toute analyse critique de la comptabilité.

B. Le droit de communication auprès des personnes publiques

1. Le caractère ouvert du droit de communication

L'article L. 83 du LPF fait obligation aux administrations de l'État, des départements et des communes ainsi qu'aux établissements ou organismes de toute nature soumis au contrôle de l'autorité administrative de ne pas opposer le secret professionnel aux agents des finances publiques qui leur demandent communication des documents de service qu'ils détiennent, y compris les données conservées et traitées par les opérateurs de communications électroniques. Pour lutter contre la fraude sociale, la communication avec les organismes de Sécurité sociale a été renforcée.

2. La coopération administrative et judiciaire

Plus sensible est le droit de communication à l'égard de l'autorité judiciaire, à raison du principe de séparation des autorités administratives et judiciaires. L'article L. 101 du LPF fait obligation à l'autorité judiciaire de communiquer spontanément à l'administration fiscale toute indication qu'elle peut recueillir, susceptible de répercussions fiscales. Cette mesure apparaît comme le corollaire de l'article 40 du Code de procédure pénale. En effet, cet article oblige les fonctionnaires qui acquièrent la connaissance de faits délictueux à porter spontanément et sans délai à la connaissance du procureur tous renseignements et documents relatifs à ces faits (cette obligation permet en outre leur audition dans le cadre d'une enquête préliminaire visant ces faits). Par ailleurs, l'article L. 82 C du LPF autorise le ministère public à communiquer les dossiers à l'administration fiscale, à l'occasion de toute instance devant les juridictions civiles ou criminelles, soit spontanément, soit sur demande préalable.

III. LE DROIT DE VÉRIFICATION DE L'ADMINISTRATION

A. L'exercice de contrôles complémentaires

1. Le droit de visite et de saisie

Une perquisition fiscale peut intervenir à l'occasion d'une vérification de comptabilité pour rechercher les preuves d'une présomption de fraude fiscale. Il faut distinguer le droit de vérification de l'administration, qui procède à des contrôles sur pièces ou sur place, du droit de visite et de saisie, qui est un droit de perquisitionner. Ce droit de visite et de saisie est placé sous le contrôle de l'autorité judiciaire. À la suite de l'arrêt Ravon de la CEDH, en date du 21 février 2008, le juge des libertés apprécie la validité de la saisie à l'occasion d'un recours contre l'ordonnance et d'un recours contre le déroulement des opérations de visite.

2. Le droit d'enquête

Le droit d'enquête permet à l'administration d'intervenir de manière inopinée pour s'assurer du respect des règles relatives à la TVA, et notamment des règles de facturation. Cette procédure d'enquête se double d'un droit de flagrance fiscale destiné à protéger les intérêts du Trésor public qui autorise les agents des finances publiques à contrôler un contribuable avant la date limite de dépôt de la déclaration fiscale. Il s'agit donc d'une procédure destinée à préserver les preuves et à pratiquer une saisie conservatoire.

B. L'exercice d'un contrôle sur pièces et sur place

1. Les critères du contrôle sur pièces

Le contrôle sur pièces proprement dit est constitué par l'ensemble des travaux de bureau au cours desquels le service procède à l'examen critique global des déclarations à l'aide de renseignements et documents figurant au dossier. Le contrôle sur pièces permet de vérifier, à partir de tous les renseignements et documents en la possession du service ou figurant au dossier, que les contribuables ont satisfait à leurs obligations déclaratives.

2. Le choix du contrôle sur place

L'examen contradictoire de la situation fiscale personnelle pour les particuliers (ESFP) et la vérification de comptabilité pour les entreprises constituent la suite du contrôle sur pièces toutes les fois où il n'a pas permis de régulariser, du bureau, la situation du contribuable. La vérification de comptabilité a pour objet d'examiner, dans les locaux de l'entreprise, la comptabilité en la confrontant à certaines données de fait ou matérielles afin de s'assurer de l'exactitude et de la sincérité des déclarations souscrites. Depuis le 1er janvier 2014, en cas de contrôle sur place, les entreprises qui tiennent leur comptabilité au moyen de systèmes informatisés doivent la remettre sous forme dématérialisée à l'administration (fichier des écritures comptables).

3. Un contrôle à distance : l'examen de comptabilité

L'année 2017 voit la mise en place d'une nouvelle procédure de « vérification » : l'examen de comptabilité. Afin de faciliter les contrôles à distance, l'administration a été autorisée à pratiquer un audit fiscal proche d'une vérification mais exercé à partir du bureau. Malgré cette distance physique, le dialogue oral et contradictoire est maintenu.

LES PROCÉDURES DE RECTIFICATION DE L'IMPÔT

27

I. LA PROCÉDURE D'IMPOSITION CONTRADICTOIRE

A. La conduite de la procédure

1. La collaboration du contribuable

La procédure de rectification contradictoire permet au contribuable d'être associé à la procédure. Aux termes de l'article L. 55 du LPF, une procédure de rectification contradictoire doit être engagée lorsque l'administration constate une insuffisance, une inexactitude, une omission ou une dissimulation dans les éléments servant de base au calcul des impôts, droits, taxes, redevances ou sommes quelconques dus en vertu du CGI.

2. L'organisation du débat contradictoire

La procédure de rectification contradictoire prévoit notamment la notification au contribuable de l'insuffisance découverte et d'un délai de réponse de trente jours, prorogé sur demande du contribuable de trente jours, pour donner son acceptation ou manifester son désaccord ; en cas de persistance du désaccord, est prévue l'intervention, soit de la commission départementale ou nationale des impôts directs et des taxes sur le chiffre d'affaires, soit du comité consultatif du crédit d'impôt pour dépenses de recherche, soit, en matière de droits d'enregistrement, de taxe de publicité foncière, d'IFI, de la commission départementale de conciliation.

B. Les principes de la procédure contradictoire

1. La dévolution de la charge de la preuve

Une présomption de bonne foi profite au contribuable et, par suite, c'est à l'administration de prouver les erreurs ou omissions commises. Mais ce principe n'est pas absolu car la charge de la preuve peut dépendre de l'imposition et notamment des éléments constitutifs du bénéfice comptable. L'article 38-2° du CGI impose au contribuable de justifier des charges inhérentes aux écritures comptables.

2. La motivation à la charge de l'administration

Au cœur du débat contradictoire, l'administration a l'obligation de motiver tant les propositions de rectification, afin de mettre le contribuable en état de formuler ses observations ou de faire connaître son acceptation, que les réponses par lesquelles elle rejette ces observations quand elle ne les estime pas fondées. Ce principe de motivation inscrit à l'article L. 57 du LPF se déduit du principe général de droit de motivation des décisions administratives négatives.

II. LA PROCÉDURE D'IMPOSITION D'OFFICE

A. Les procédures d'évaluation d'office

1. Les situations de l'évaluation d'office

Pour que la procédure de l'évaluation d'office soit applicable, il faut que l'agent vérificateur, s'étant présenté pour exercer son contrôle, ait été empêché d'accomplir sa mission soit du fait du contribuable, soit du fait de tiers. Il s'agit donc de résister à l'inertie du contribuable défaillant. Tel est le cas d'un climat de tension nuisible à l'accomplissement normal de travaux d'expertise comptable. L'opposition individuelle à contrôle fiscal peut aller de la simple passivité à l'hostilité déclarée. Les contribuables faisant l'objet d'une imposition se voient réclamer, indépendamment des sanctions fiscales ou des peines correctionnelles encourues pour opposition individuelle ou collective à contrôle fiscal, sur les suppléments de droits mis à leur charge, l'intérêt de retard et une majoration de 100 %.

2. Les conditions de l'évaluation d'office

L'évaluation d'office est mise en œuvre en cas de défaut de production ou de souscription tardive des déclarations spéciales qui doivent parvenir à l'administration en vue de la détermination ou du contrôle des bénéfices servant de base à l'IR. L'évaluation d'office est alors déclenchée après avoir mis en demeure le contribuable de déposer sa déclaration professionnelle (BIC, BNC et BA). Le droit accordé à l'administration d'arrêter d'office les bases d'imposition ne lui confère pas un pouvoir discrétionnaire. Elle doit être en mesure d'établir la validité de la mise en œuvre de la procédure d'imposition d'office et de faire connaître au contribuable comme au juge de l'impôt la méthode qu'elle a adoptée.

B. Les procédures de taxation d'office

1. Les conditions de la taxation d'office

Dans la plupart des cas, les réponses aux demandes de renseignements adressées aux contribuables qui ont régulièrement souscrit leur déclaration d'ensemble des revenus conduisent soit au classement des éléments recueillis, soit à la proposition d'une rectification en suivant la procédure de rectification contradictoire. Toutefois, dans le cas d'une demande de justifications et d'éclaircissements dont la portée est contraignante, en cas d'absence ou de refus de réponse à ces dernières demandes, ou encore en cas de réponses équivalant par leur imprécision à un défaut de réponse, l'administration est en droit d'établir l'imposition par voie de taxation ou d'évaluation d'office.

2. Les conséquences de la taxation d'office

En raison de la gravité des conséquences attachées à une taxation d'office, l'article L. 76 du LPF a prévu la possibilité de saisir la commission départementale des impôts directs et des taxes sur le chiffre d'affaires, à l'initiative des contribuables ou de l'administration, des cas de taxation d'office à l'issue d'un examen contradictoire de la situation fiscale personnelle (ESFP) lorsque le désaccord persiste sur les rehaussements notifiés.

28 LE DROIT À L'ERREUR

I. LE DROIT À L'ERREUR DE L'ADMINISTRATION

A. La rectification de la décision d'imposition

1. L'obligation de corriger ses erreurs

L'administration dispose de moyens procéduraux pour déjouer les effets d'un formalisme trop contraignant que le juge de l'impôt s'abstient de sanctionner. Non seulement l'administration fiscale a le droit à l'erreur, mais elle a aussi le droit, voire l'obligation, de rattraper ses erreurs. En vertu d'une règle prétorienne très ancienne, l'administration peut, sans violer la chose jugée, reprendre une décision annulée pour vice de forme ou de procédure, en suivant une procédure régulière. Le juge a toujours reconnu ce pouvoir à l'administration fiscale au motif qu'elle ne pouvait renoncer à l'application de la loi fiscale. Il s'agit du procédé de régularisation qui permet à l'administration fiscale, après une annulation contentieuse, de rétablir l'acte d'imposition dans les formes et suivant les formalités légales.

2. Le caractère inopérant des vices de forme

Une nouvelle et remarquable illustration en a été fournie par un important arrêt rendu par le Conseil d'État le 18 mai 2018. Il y a été décidé de rendre désormais inopérante l'invocation des vices de forme et de procédure entachant un acte réglementaire à l'appui de la contestation de celui-ci par voie d'exception d'illégalité, notamment dans le cadre d'un recours dirigé contre le refus de l'abroger. Le droit à l'erreur dont bénéficie l'administration fiscale peut s'analyser en tant que correctif à une application mécanique du principe de légalité.

B. La substitution de base légale

1. Les requalifications en cours de procédure

De longue date, l'administration est autorisée, dans le cours de la procédure, à demander au juge de procéder à une substitution de la base de l'imposition. La substitution de base légale permet à l'administration d'invoquer à tout moment de la procédure les moyens qui sont propres à justifier le fondement légal d'une imposition initialement établie sur un autre fondement juridique. Elle ne peut être invoquée que si, à l'instar de la situation permettant l'établissement d'une imposition primitive, la procédure correspondant au nouveau fondement légal a été respectée. La substitution ne doit pas, en effet, priver le contribuable des garanties légales attachées aux procédures de redressement correspondant à chaque catégorie de revenu ou d'imposition.

2. Les conditions de la substitution de base légale

En pratique, le juge de l'impôt encadre la procédure de substitution de base légale. En premier lieu, la substitution de base légale peut être effectuée lorsque la nature des procédures correspondant à l'ancien fondement légal et au nouveau est identique. C'est ainsi qu'en l'absence de toute déclaration de revenu catégoriel, il serait possible de substituer une imposition dans la catégorie des bénéfices non commerciaux à une imposition dans la catégorie des bénéfices industriels et commerciaux évalués d'office. En second lieu, la substitution de base légale peut être effectuée lorsque la procédure contradictoire a été primitivement mise en œuvre, alors que l'administration entend invoquer un cas d'évaluation ou de taxation d'office et non l'inverse.

3. La pratique des compensations

Corollaire de la substitution, lorsqu'un contribuable demande la décharge, la réduction ou la restitution d'une imposition quelconque, l'administration peut à tout moment de la procédure, et même si le délai de répétition est expiré, opposer toutes compensations entre les dégrèvements reconnus justifiés et les insuffisances ou omissions de toutes natures constatées, au cours de l'instruction, dans l'assiette ou le calcul de l'imposition contestée.

II. LE DROIT À L'ERREUR DU CONTRIBUABLE

A. Un droit à la régularisation consacré

1. Acte anormal de gestion versus erreur comptable

De manière prétorienne, le juge de l'impôt, accepte, par principe, d'écarter l'acte anormal de gestion en présence d'une erreur manifeste du contribuable dans le libellé de la rédaction d'un contrat. La preuve incombe au contribuable mais devrait relever toutefois de l'erreur manifeste. Cette preuve sera apportée en produisant les actes de préparation et d'exécution du contrat qui la rendent manifeste ou en établissant que le prix stipulé, s'il avait été appliqué, aurait relevé manifestement de l'acte anormal de gestion pour sa cocontractante et aurait été insusceptible de se rattacher à une gestion d'affaires normale.

2. La régularisation des avoirs dissimulés

Le dispositif de régularisation des avoirs non déclarés à l'étranger institué en 2013 a permis aux contribuables de régulariser des déclarations d'IR, de solidarité sur la fortune et des droits de donation ou de succession. Faux nez d'une amnistie fiscale, les droits en principal ont néanmoins été réglés, assortis de pénalités réduites, mais sans engagement de procédure au pénal.

B. Un correctif au principe de légalité

1. Le droit à l'erreur

Le droit à l'erreur n'a rien d'une innovation en droit fiscal. La loi du 10 août 2018 pour un État au service d'une société de confiance consacre ce droit à l'erreur. Ainsi, un contribuable ayant commis une erreur ne peut faire l'objet d'une sanction s'il a régularisé sa situation, spontanément ou à l'invitation de l'administration, sauf si cette dernière établit la mauvaise foi de la personne ou l'existence d'une manœuvre frauduleuse.

2. La bonne foi du contribuable

L'erreur du contribuable n'est admise qu'à la condition qu'elle se solde par la régularisation du manquement, c'est-à-dire, *in fine*, par l'application et le respect de la règle de droit ; en sens inverse, la sanction prononcée par l'administration n'est autorisée que si la régularisation n'a pas pu être obtenue. Seule une erreur commise de bonne foi est considérée comme régularisable. Toutefois, le droit à l'erreur ne s'applique pas aux sanctions requises pour la mise en œuvre du droit de l'Union européenne.

LA PHASE ADMINISTRATIVE DU CONTENTIEUX FISCAL 29

I. L'EXERCICE DU RECOURS PRÉALABLE

A. Le principe de la réclamation préalable

1. La saisine préalable de l'administration

La principale originalité du contentieux fiscal tient à son caractère non juridictionnel. La saisine de l'administration à l'origine de l'imposition litigieuse est un préalable obligatoire. Toute personne qui entend contester une imposition ou les poursuites mises en œuvre en vue de son recouvrement doit d'abord adresser une réclamation à l'administration. La réclamation contentieuse est un préalable obligatoire à toute action contre l'impôt ou les poursuites devant la juridiction compétente. Bien qu'il s'agisse d'un filtre juridictionnel, la réclamation préalable peut se justifier par l'appréhension technique du dossier entre les mains de l'administration à l'origine de la rectification, c'est-à-dire par un principe de bonne gouvernance.

2. Une réclamation contentieuse

Cette réclamation préalable est distincte de la demande gracieuse prévue par les dispositions de l'article L. 247 du LPF, et par laquelle peut être sollicitée la remise, totale ou partielle, d'impôts directs régulièrement établis, « lorsque le contribuable est dans l'impossibilité de payer par suite de gêne ou d'indigence ».

B. Les conditions de recevabilité

1. La présentation de la réclamation

Les réclamations présentées sur papier libre sont en principe individuelles. Par exception, certaines réclamations sont collectives (par exemple au titre des associés de sociétés de personnes). La réclamation doit également contenir l'exposé sommaire des moyens par lesquels son auteur prétend la justifier, ainsi que ses conclusions. En la forme, la réclamation doit porter la signature manuscrite de son auteur.

2. Le contenu de la réclamation

La réclamation doit, à peine de non-recevabilité, être accompagnée de l'avis d'imposition (ou d'une copie) ou d'un extrait de rôle délivré par le comptable pour les contestations relatives aux impôts directs ; de l'AMR (ou de sa copie) pour les litiges relatifs aux impôts indirects ; dans l'hypothèse enfin d'une retenue à la source contestable, une pièce justifiant le montant de la retenue ou du versement (reçu délivré par la personne qui a effectué la retenue).

II. LA MAÎTRISE DES DÉLAIS

A. L'opposabilité des délais de réclamation

1. L'encadrement des délais

La réclamation doit être présentée avant le 31 décembre de la deuxième année suivant celle, de la mise en recouvrement du rôle (IR, prélèvements sociaux sur les revenus du patrimoine...) ; de la notification d'un AMR (TVA, droits d'enregistrement, IS...) ; du versement de l'impôt contesté lorsque cet impôt n'a pas donné lieu à l'établissement d'un rôle ou à la notification d'un AMR (versements spontanés de TVA, d'IS...) ; de la réalisation de l'événement qui motive la réclamation. Cependant, le contribuable qui fait l'objet d'une procédure de reprise ou de rectification dispose d'un délai égal à celui de l'administration fiscale pour présenter ses propres réclamations (LPF, art. R. 196-3).

2. La forclusion des délais

Les forclusions de délais ne sont pas des vices de forme qui auraient pu être régularisables. Toute réclamation présentée après la date d'expiration du délai légal est irrecevable comme entachée de forclusion. Toutefois, en cas d'imposition établie par voie de rôle ou d'avis de mise en recouvrement (AMR), la forclusion n'est opposable que si ce titre d'imposition mentionne le caractère obligatoire de la réclamation et le délai dans lequel elle doit être présentée.

B. La gestion stratégique du temps

1. Le caractère non suspensif de la réclamation

L'introduction de la réclamation par le contribuable ne suspend pas l'obligation qu'il a d'acquitter l'impôt. Pour y échapper, le contribuable doit expressément solliciter dans sa réclamation préalable le sursis de paiement de son imposition, dans les conditions prévues à l'article L. 277 du LPF.

2. Le délai de réponse de l'administration

L'administration dispose d'un délai de six mois pour instruire et statuer sur la réclamation. Elle peut, à la condition d'en informer le contribuable avant l'expiration de ce délai, s'octroyer un délai supplémentaire qui ne peut toutefois pas excéder trois mois (article R. 198-10 du LPF). Elle se trouve en outre dans l'obligation de motiver, à l'issue de ce délai prolongé ou non, toute décision de rejet, total ou partiel.

LE DUALISME JURIDICTIONNEL EN MATIÈRE FISCALE

30

I. MONISME OU DUALISME JURIDICTIONNEL ?

L'argumentation des partisans du monisme juridictionnel tient, pour l'essentiel, en deux propositions.

A. Les arguments favorables au monisme juridictionnel

1. Le juge judiciaire, gardien naturel du contribuable ?

Historiquement, le dualisme s'est instauré. La loi des 7 et 11 septembre 1790 a confié à l'autorité judiciaire le soin de régler les litiges relatifs aux impôts indirects, auxquels se sont ajoutés les litiges en matière de droits d'enregistrement. La loi du 28 pluviôse an VIII a attribué aux ancêtres des tribunaux administratifs les litiges portant sur les contributions directes. Le positionnement du juge administratif tient d'une part à son statut dans la mesure où les membres des juridictions administratives sont des fonctionnaires, et d'autre part à leur volonté de protéger les intérêts du Trésor public. Il suffit pour s'en convaincre d'étudier la responsabilité administrative des services fiscaux mise en œuvre pendant plus d'un siècle sur la base d'une faute lourde.

2. Le dualisme juridictionnel, facteur de complexité

L'existence de deux ordres de juridiction est un facteur de complexité dans la répartition des compétences contentieuses et dans sa compréhension par le justiciable. Cette complexité réside, notamment, dans l'absence de critères organiques à la répartition des compétences entre les deux ordres de juridiction. La répartition des compétences fiscales tient pour l'essentiel à un principe qui n'est pas vérifié : le juge judiciaire serait le gardien naturel des libertés individuelles. En outre, l'indépendance des procédures administratives et pénales peut conduire à un déni de justice. Ainsi, le juge administratif de l'impôt peut abandonner un redressement à l'origine du délit de fraude fiscale alors qu'il est poursuivi au pénal.

3. Le caractère illisible du contentieux du recouvrement

Cette situation de fait atteint son paroxysme dans le contentieux du recouvrement où la répartition des contestations établie par l'article L. 281 du LPF conduit à reconnaître soit la compétence du juge administratif, soit celle du juge judiciaire en fonction d'une contestation de l'acte de poursuite. Le contentieux du recouvrement a seulement trait à la légalité de l'obligation de payer, qui doit être distinguée de la validité ou de l'exigibilité de l'impôt. Lorsque la contestation vise la régularité formelle de l'acte de poursuites, elle doit toujours être portée devant le juge judiciaire.

B. Les arguments favorables au dualisme juridictionnel

1. Le juge administratif, juge naturel de l'administration ?

Juger l'administration fiscale présente une irréductible spécificité : confier cette tâche à un juge qui n'y est pas préparé pourrait s'avérer redoutable. Le juge administratif a acquis une indépendance d'esprit dans le cadre d'une fonction publique lui permettant d'apprécier la régularité des actes administratifs car, selon un célèbre adage, « juger l'administration, c'est encore administrer ».

2. L'enrichissement des fonctions du juge administratif

La fonction contentieuse du juge suprême est enrichie par sa fonction consultative en tant que conseiller du gouvernement. Cela lui permet de mieux apprécier la juridicité des textes litigieux dans la mesure où il a participé à l'élaboration des principaux décrets. Au demeurant, le cumul de fonctions a été jugé conforme aux exigences du procès équitable par la CEDH dans la mesure où interdiction est faite à un membre du Conseil d'État ayant participé à la reddition d'un avis sur un projet d'acte administratif de participer au jugement d'un recours contentieux dirigé contre ce même acte.

3. Une construction prétorienne favorable aux contribuables

In fine, l'enrichissement mutuel des jurisprudences administrative et judiciaire a permis au contribuable de construire une sécurité fiscale indispensable en période d'inflation normative. Tel est le cas de l'approche judiciaire de la notion de holding animateur en matière d'impôt sur la fortune, enrichie par le juge administratif dans un contexte différent, à savoir la détermination des plus-values sur droits sociaux.

II. LA RÉPARTITION DES COMPÉTENCES ENTRE LES ORDRES JURIDICTIONNELS

A. Les principes de répartition

1. Le partage des compétences

Le principe du partage des compétences entre les deux ordres de juridiction repose pour l'essentiel sur la nature directe ou indirecte de l'impôt. Cette clé de répartition repose en droit positif sur l'article L. 199 du LPF. Selon ce texte, le contentieux des impôts directs et des taxes sur le chiffre d'affaires ou des taxes assimilées relève du tribunal administratif ; celui des droits d'enregistrement, de la taxe de publicité foncière, des droits de timbre, des contributions indirectes et des taxes assimilées à ces droits, taxes ou contributions, relève du tribunal de grande instance. En termes de volume, le nombre d'affaires relevant du juge administratif représente environ 84 % des réclamations contentieuses.

2. Les critères de distinction

Dans le silence des textes, il faut se référer aux règles d'assiette et de recouvrement prévues par le texte instituant le prélèvement : si le texte renvoie aux droits d'enregistrement ou de timbres, on pourra ainsi en déduire que le contentieux relève du juge judiciaire. En outre, le juge judiciaire est compétent pour résoudre les questions préjudicielles soulevées par l'assiette de l'impôt direct, telles les questions d'état des personnes ou de propriété.

3. Le contentieux des douanes

En application des articles 356 à 357 bis du Code des douanes, le contentieux des douanes incombe soit aux juridictions répressives (tribunal de police, tribunal correctionnel), soit aux juridictions civiles (tribunal de grande instance, depuis le 1er janvier 2013). Ainsi, le contentieux douanier n'est pas soumis à une dualité juridictionnelle mais à une dualité de juges : le juge de la douane est un juge judiciaire, civil ou pénal.

B. Les conséquences procédurales

1. Une procédure fiscale analogue

Des règles convergentes dominent la procédure fiscale. Tel est le cas du délai de saisine de deux mois du tribunal, après notification par l'administration du rejet ou de l'admission partielle de la réclamation préalable du contribuable. En outre, dans les deux branches, la réclamation fiscale est dispensée d'avocat et la procédure écrite.

2. Une structure juridictionnelle analogue

La structure même du contentieux est analogue : double degré de juridiction, compétence territoriale du tribunal, filtre pour saisir le Conseil d'État ou la Cour de cassation d'une question de droit, recours préjudiciel devant la Cour de justice de l'Union européenne en cas de difficulté sérieuse d'interprétation d'une norme européenne, traitement d'une QPC devant le Conseil d'État ou la Cour de cassation.

3. Des divergences d'instruction

Toutefois des divergences subsistent. La requête introductive d'instance devant le juge administratif n'est soumise qu'à quelques règles de forme dont l'envoi de la requête accompagné d'un exposé sommaire de la demande et de la décision d'imposition litigieuse. Le formalisme est plus rigoureux devant le juge judiciaire. L'instance est en effet introduite par voie d'assignation (acte d'huissier).

LA MONTÉE EN PUISSANCE DU CONTENTIEUX FISCAL

31

I. LE RECOURS POUR EXCÈS DE POUVOIR EN MATIÈRE FISCALE

A. Les recours contre les actes de portée générale

1. Le caractère subsidiaire du recours pour excès de pouvoir

Le recours pour excès de pouvoir présente en droit fiscal un caractère subsidiaire mais demeure ouvert à certains actes. Il s'agit en premier lieu des actes réglementaires, règlements autonomes, intervenant notamment pour définir la procédure fiscale contentieuse ou l'organisation de l'administration fiscale, comme règlements d'application de la loi. En second lieu, une instruction fiscale, même si elle se borne à résumer les modifications apportées par le législateur à un dispositif fiscal, est susceptible d'être déférée au juge de l'excès de pouvoir dès lors qu'elle présente un caractère impératif.

2. Une recevabilité encadrée

Le Conseil d'État a toutefois jugé en 2017 (CE, 17 mai 2017, M. Lacquemant) qu'une réponse du ministre de l'Économie et des Finances relative au dispositif de régularisation des avoirs détenus à l'étranger, exprimée dans un document prenant la forme d'une « foire aux questions », n'était pas opposable à l'administration et n'est donc pas susceptible d'un recours pour excès de pouvoir. Sa position est inverse pour les réponses parlementaires qui ont un caractère impératif.

B. Les recours contre les actes individuels

1. Des actes détachables de la procédure d'imposition

Protecteur des libertés, le juge de l'excès de pouvoir peut connaître de recours contre les actes individuels qui sont détachables de la procédure d'imposition. Tel est bien évidemment le cas des refus d'agrément qui sont des actes administratifs.

2. La recevabilité du recours pour excès de pouvoir contre un rescrit fiscal

La question est plus délicate pour les rescrits qui ne sont pas en principe détachables de la procédure d'imposition. Toutefois, le Conseil d'État a jugé, dans un arrêt de section du 2 décembre 2016, Société Export Press, que le recours dirigé contre un rescrit est recevable lorsque ces prises de position sont susceptibles d'entraîner pour le contribuable de multiples effets négatifs.

II. LA MISE EN CAUSE DE LA RESPONSABILITÉ DES SERVICES FISCAUX

A. Les conditions de mise en œuvre

1. De la faute lourde à la faute simple

Le régime de la responsabilité des services fiscaux en vigueur jusqu'à la décision Krupa du Conseil d'État en date du 21 mars 2011 reposait sur la distinction entre la faute lourde et la faute simple. Pour les opérations se rattachant aux procédures d'établissement et de recouvrement de l'impôt, le régime de la faute lourde était la règle et celui de la faute simple accepté en l'absence de difficultés sérieuses.

2. Le lien entre le dommage causé et l'invocation d'une faute simple

Le champ de la faute simple était défini par le Conseil d'État de façon restrictive : seules les erreurs matérielles ou d'organisation interne étaient sanctionnées. À l'issue de l'arrêt Krupa, une faute simple à l'occasion d'un contrôle fiscal est susceptible d'engager la responsabilité de l'État, y compris au stade du recouvrement de l'impôt. En d'autres termes, le contentieux de la responsabilité ouvre la porte à des dommages-intérêts.

3. La réparation du préjudice subi

Le paiement par le contribuable de l'impôt indu qui lui était réclamé, et qui lui est ultérieurement restitué par le service, n'est pas regardé, par lui-même, comme constitutif d'un préjudice. Conformément au contentieux de la responsabilité, seuls les préjudices certains sont susceptibles de donner lieu à réparation. Les préjudices futurs et éventuels – comme la perte de chance – ne sont donc pas indemnisables. Le demandeur doit en outre démontrer que le préjudice qu'il invoque est la conséquence directe de l'action fautive de l'administration fiscale.

B. Le contentieux des impôts directs locaux

1. Le non-recouvrement d'un impôt local

Les collectivités locales peuvent engager la responsabilité de l'État lorsqu'elles n'ont pas perçu l'intégralité des impositions qui leur reviennent. Une faute est constituée lorsque la sous-imposition ou l'absence d'imposition est établie et imputable à l'administration fiscale. À cet égard, les demandes présentées par les collectivités en amont d'une réclamation contentieuse ne pourront être prises en compte que si le demandeur avance des éléments suffisamment pertinents et précis permettant de vérifier, sans autres recherches approfondies, la réalité de la sous-imposition alléguée.

2. Les erreurs d'établissement d'un impôt local

Le préjudice subi par une collectivité locale en raison d'une faute commise par l'administration fiscale dans le calcul d'une imposition directe locale est constitué des conséquences matérielles des décisions prises par l'administration, soit une perte de recettes fiscales. À cet égard, le préjudice né de la perte de recettes fiscales résultant d'une sous-évaluation des bases imposables ou d'une absence d'imposition doit être calculé en raisonnant en solde algébrique des erreurs commises tant au détriment de la collectivité qu'en sa faveur.

PARTIE II

LES PRINCIPALES IMPOSITIONS FRANÇAISES

TITRE I

L'IMPOSITION DE LA DÉPENSE

HISTORIQUE DE LA TVA

32

I. LA LENTE ÉMERGENCE D'UNE TAXE UNIQUE À PAIEMENTS FRACTIONNÉS

A. Les premières tentatives de taxes uniques

1. L'instauration d'une taxe unique à la consommation

Les finances publiques en temps de guerre sont suffisamment éprouvées pour donner naissance à une réforme fiscale de l'IR et de l'impôt sur la dépense. Le premier impôt français sur le chiffre d'affaires naît en 1917, avec la mise en place la taxe sur les paiements civils et commerciaux. Précurseur de la TVA, cette taxe frappait la dernière vente des marchandises au consommateur. Le taux d'imposition était alors de 0,20 %. Il s'agissait donc d'une taxe unique à la consommation qui fut largement fraudée.

2. L'instauration d'une taxe unique à la production

En réaction à une taxe sur le chiffre d'affaires, le gouvernement a mis en place à partir de 1925 un système de taxes uniques spéciales à la production, avec perception de l'impôt au seul stade ultime de la production. Or, ces nouvelles taxes ne concernaient qu'un certain nombre de produits limités La complexité du système conduit, par la loi du 31 décembre 1936, à supprimer la taxe unique sur le chiffre d'affaires et à créer une taxe unique à la production. Cette taxe au taux de 6 % était perçue auprès du dernier producteur, accompagné d'un régime suspensif en amont. Au stade de la distribution commerciale, les produits finis étaient libérés de toute imposition, ce qui permettait d'éviter notamment tout assujettissement nouveau dans le circuit économique. Une taxe sur les prestations de services (TPS) au taux de 8,50 % était créée parallèlement à la taxe à la production.

B. L'établissement de taxes cumulatives

1. L'instauration d'une taxe en cascade sur le chiffre d'affaires

La France avait connu des taxes cumulatives dès 1920. Ainsi, la loi du 25 juin 1920 institua la taxe générale sur le chiffre d'affaires, impôt généralisé à l'ensemble des transactions et concernant l'ensemble des étapes du circuit de production et de distribution. Cette taxe se basait sur un système de paiement en cascade, dont la taxe était perçue à chaque étape du circuit économique. La taxe générale sur le chiffre d'affaires contribuait ainsi à l'augmentation des prix en raison de l'incorporation de la taxe à chaque étape de la chaîne de production et de distribution.

2. L'instauration d'une taxe sur les transactions commerciales

La Seconde Guerre mondiale contribue à créer en 1939 une taxe à l'armement qui devient, en 1940, la taxe sur les transactions au taux de 1 %. C'était une taxe cumulative sur toutes les ventes, à tous les stades : production, commerce, artisanat. En 1941, on y ajoute la taxe locale perçue au profit des communes en remplacement des anciens « droits d'octroi » dont elles bénéficiaient de longue date. Cette taxe fut d'abord facultative puis rendue obligatoire en 1948, elle avait cependant un taux assez modéré.

C. L'introduction d'une taxe à paiements fractionnés

1. L'instauration d'une taxe unique à paiements fractionnés

La taxe unique à la production a elle-même subi un changement important en 1948, elle est perçue selon le système des paiements fractionnés ; seules les marchandises et les matières premières ouvrent droit à la déduction en amont. Il en ressort que le mécanisme des paiements fractionnés est simple à appréhender : l'entreprise reverse à l'État la taxe collectée auprès de ses clients, en déduisant cependant la taxe qui lui a été facturée par ses propres fournisseurs. L'État perçoit ainsi, tout au long du cycle économique de production et de commercialisation, son impôt sur la dépense.

2. L'instauration d'une taxe générale à paiements fractionnés

Sur des propositions de Maurice Lauré reprises par la commission Loriot, la loi du 10 avril 1954 créa une taxe unique, générale et à taux différencié qui, par le jeu des déductions, favorisait l'investissement tout en assurant une neutralité quel que soit le circuit de production. Dès 1954, le taux de base de la TVA avait atteint 15,35 % et quelques produits étaient frappés au taux de 6,35 %. S'y ajoutaient cependant une taxe locale sur la dernière vente et une taxe cumulative sur les prestations de services. À sa création, la TVA se présente comme une taxe à la production et pas encore comme un impôt touchant la consommation : son application se limite à environ 300 000 industriels et grossistes. Toutefois, par la loi du 6 janvier 1966, la TVA est généralisée à l'ensemble des commerces et des prestations de services. L'introduction d'une taxe sur la valeur fut suivie par son européanisation en 1979.

II. LA MISE EN ORBITE DE LA TVA DANS L'UNION EUROPÉENNE

A. La neutralité de la TVA

1. La création de taxes sur le chiffre d'affaires

L'existence de taxes cumulatives pose donc de redoutables problèmes techniques, économiques et politiques. Au bout du compte, les États n'étaient pas en mesure de connaître le prix hors taxe du produit ni au moment de l'exportation, ni au moment de l'importation. Devant cette incertitude inhérente aux taxes sur le chiffre d'affaires perçues selon le système cumulatif à cascade, les auteurs du traité européen ont prévu son remplacement par un système de TVA.

2. L'universalité d'une taxe à paiements fractionnés

La neutralité implique d'abord l'absence de discrimination entre les producteurs se trouvant en situation de concurrence d'après « des critériums basés sur la personnalité de ces producteurs ». La neutralité suppose également une absence d'influence sur les procédés de fabrication ou sur les circuits de distribution des produits. Tels sont les objectifs pour concrétiser un marché commun. En somme, plus la TVA est générale et ne laisse à l'écart de son champ d'application aucun secteur de l'économie, plus elle est neutre. Le traité de Lisbonne pose le principe de neutralité fiscale dans les échanges intracommunautaires.

3. Les exonérations persistantes

L'objectif de neutralité de la taxe est imparfaitement atteint. La non-imposition à la TVA de certaines catégories d'opérations économiques, notamment les opérations bancaires et financières ou les opérations réalisées par les personnes morales de droit public, produit des effets de distorsion pour les opérateurs.

B. L'harmonisation de l'assiette de la TVA

1. La genèse d'une assiette commune

Le Conseil de la Communauté économique européenne a adopté le 11 avril 1967 deux directives (67/227/CEE et 67/228/CEE) qui ont posé les bases du système commun de TVA. La première directive européenne fixe les principes généraux de la TVA et définit celle-ci dans son article 2 comme un impôt général sur la consommation applicable aux biens et aux services. L'article 1er de la deuxième directive précise que les États constituent un système commun de TVA dont les structures et les modalités sont établies selon les dispositions de cette directive et de ses annexes. C'est un impôt qui est exactement proportionnel au prix des produits, quel que soit le nombre des transactions intervenues dans le processus de production et de distribution antérieur au stade d'imposition. La taxe est applicable jusqu'au stade du commerce de détail inclus. La TVA est ainsi supportée par le consommateur final et toutes les autres personnes intervenant antérieurement se présentent ainsi comme des collecteurs d'impôt.

2. L'abolition des frontières fiscales

Le système a été perfectionné par l'adoption de la sixième directive TVA du 17 mai 1977 qui est entrée en vigueur le 1er janvier 1979. L'objectif de la sixième directive TVA, comme son intitulé l'indique, est de parvenir à une assiette uniforme. Aux termes de longues négociations, pour faire face à l'abolition des frontières fiscales dans le respect de la concurrence entre les États membres, le Conseil des communautés européennes, par la directive du 16 décembre 1991, a renoncé, temporairement, au principe de la taxation des opérations intracommunautaires dans l'État membre d'origine des biens et, pour une période appelée période transitoire, prévu une règle de taxation dans l'État membre de destination à compter du 1er janvier 1993 (livraisons intracommunautaires).

3. La non-harmonisation des taux de TVA

Mais harmonisation ne veut pas dire uniformisation : les taux ne sont pas identiques dans tous les pays de l'Union européenne. Chacun d'entre eux possède un taux de TVA standard d'au moins 15 % et un (ou deux) taux réduit(s) d'au moins 5 %, applicable(s) à certains produits ou activités présentant un caractère social ou culturel (produits alimentaires, produits pharmaceutiques, livres, musées).

C. L'avenir de la TVA

1. Le régime transitoire de TVA et l'État de départ

Depuis 1993, date d'introduction de l'actuel régime transitoire de TVA, la situation dans la communauté n'a que peu évolué. Initialement, il était prévu qu'au 1er janvier 1997, le régime transitoire soit remplacé par un régime définitif, fonctionnant selon le principe de l'origine. Mais les mécanismes de compensation fondés sur les données macroéconomiques de consommation proposés par la commission sont complexes et conduisent à un *statu quo*.

2. L'imposition dans l'État d'arrivée

Dans une communication de décembre 2011, la commission a accepté d'abandonner un régime « définitif » basé sur le principe d'imposition dans l'État membre d'origine et de passer à un système basé sur une imposition dans l'État membre de destination (en considérant qu'en procédant ainsi, la consommation serait effectivement imposée) liée à un régime de lieu unique de déclaration, guichet unique. Le 7 avril 2016, la commission a présenté un plan d'action visant à moderniser le régime de TVA dans l'Union, en faveur d'un espace de TVA unique dans l'Union européenne. Il définit les principes d'un futur régime de TVA unique dans l'Union, trace les grandes lignes des mesures à court terme pour lutter contre la fraude à la TVA, envisage une révision des taux de TVA réduits, propose une simplification des règles de TVA et annonce un paquet TVA visant à faciliter la vie des PME. L'élément nouveau de la proposition consiste à appliquer le principe du pays de destination aux livraisons transfrontières de marchandises à compter du 1er juillet 2022. Il incomberait ainsi à l'exportateur de verser la TVA dans l'État membre où il livre sa marchandise. En novembre 2019, le Conseil a adopté de nouvelles mesures visant à moderniser les règles en matière de TVA pour le commerce électronique

3. La fraude à la TV A

En effet, la TVA comporte des fragilités. La première tient à l'économie informelle et aux comportements de dissimilation du chiffre d'affaires au stade final de la distribution ; la deuxième résulte de ce que certains opérateurs ne reversent pas au Trésor tout ou partie de la taxe facturée (alors qu'elle sera déduite en aval) ; une troisième faiblesse est associée aux ventes B2C réalisées à l'intérieur du grand marché par un assujetti expédiant depuis un autre État membre que celui de destination finale et dont le risque s'est accru avec le commerce électronique. Dès lors, la Commission européenne a opté pour imposer les prestations de services électroniques dans le pays d'origine si le seuil de ventes reste inférieur à 10 000 € par an, ou dans le pays de destination dans le cas contraire. Toutefois, les entreprises continuent à s'acquitter de la TVA dans leur pays de résidence (guichet unique). Le guichet unique sera étendu aux livraisons de biens transfrontalières à des consommateurs finaux.

33 L'IMPOSITION À LA TVA

I. LA DÉCLARATION DE TVA EN RÉGIME NORMAL

A. La franchise de TVA

1. Les seuils de la franchise de TVA

Afin de simplifier et d'alléger les obligations fiscales des petites entreprises, l'article 293 B du CGI institue une franchise en base de TVA permettant aux redevables d'être exemptés de TVA en fonction d'un seuil de chiffre d'affaires. Pour les livraisons de biens, le seuil à ne pas dépasser est de 85 800 € en N - 1 tandis que pour les prestations de services, le seuil annuel est fixé à 34 400 € en N - 1. Par ailleurs, en cas de dépassement des seuils, le maintien de la franchise en base pendant deux ans est autorisé sous réserve du respect de certaines conditions

2. Les bénéficiaires de la franchise de TVA

Le bénéfice de la franchise en base de TVA concerne l'ensemble des assujettis établis en France, quelle que soit leur forme juridique, à l'exception des exploitants agricoles placés sous le régime simplifié de l'agriculture. Les bénéficiaires de la franchise peuvent ainsi être des personnes physiques, des sociétés civiles ou commerciales, des associations, des organismes publics ou des collectivités locales. Le bénéfice de la franchise est toutefois réservé aux assujettis qui ont en France le siège de leur activité ou un établissement stable ou, à défaut, leur domicile ou leur résidence habituelle.

B. Les obligations déclaratives

1. Les déclarations trimestrielles ou mensuelles

Ces redevables qui relèvent d'un régime normal déposent mensuellement leurs déclarations de TVA et acquittent en même temps la taxe exigible. Lorsque la taxe exigible annuellement est inférieure à 4 000 €, ils sont admis à déposer leurs déclarations par trimestre civil. Certains redevables éprouvent des difficultés à déposer les déclarations aux dates requises, notamment en raison de leur activité ou de la pluralité d'établissements. Des acomptes provisionnels peuvent être versés. Cet acompte est au moins égal à 80 % de la somme réellement due.

2. Le cas des entreprises saisonnières

Les entreprises saisonnières placées sous le régime mini-réel ou réel normal peuvent, sur demande expresse adressée au service des impôts dont elles relèvent, bénéficier de dispositions particulières. Les redevables qui exercent une activité saisonnière sont ainsi dispensés de fournir des déclarations « néant » pendant la période de fermeture de leurs établissements. Il est possible d'effectuer une déclaration rectificative lorsque le montant de la TVA rectifié est supérieur ou égal à 4 000 €.

II. LA DÉCLARATION DE TVA EN RÉGIME SIMPLIFIÉ

A. Les redevables au régime réel simplifié

1. Les seuils du RSI

Le régime réel simplifié d'imposition (RSI) de la TVA concerne les redevables dont le chiffre d'affaires annuel n'excède pas 818 000 € pour les livraisons de biens, ventes à consommer sur place et à emporter, ainsi que prestations d'hébergement, et 247 000 € pour les autres prestations de services. Ce régime est applicable de plein droit pour les redevables placés sous la franchise en base de TVA et qui ont opté pour le paiement de la TVA.

2. Le dépassement des seuils

Le RSI demeure en principe applicable pour l'établissement de l'imposition due au titre de la première année au cours de laquelle le chiffre d'affaires limite est dépassé. Les seuils de chiffre d'affaires pour l'application du RSI sont ajustés, s'il y a lieu, au prorata du temps d'exploitation de l'entreprise au cours de l'année civile.

B. Les obligations déclaratives

1. Une déclaration annuelle

Bien que le RSI demeure un système d'imposition réel, il comporte un allégement sensible des formalités. La seule obligation déclarative des redevables placés sous le régime simplifié est le dépôt, dans les conditions habituelles, de la déclaration annuelle. Deux acomptes semestriels (juillet et décembre) sont versés. L'acompte de juillet est égal à 55 % de la TVA due au titre de l'année ou, par tolérance, de l'exercice précédent, avant déduction de la TVA relative aux biens constituant des immobilisations (40 % pour l'acompte de décembre).

2. L'option pour le mini-réel

Les redevables titulaires de bénéfices industriels et commerciaux relevant du régime simplifié d'imposition peuvent opter pour le paiement de la TVA selon les modalités du régime réel normal, tout en restant placés au régime simplifié d'imposition de leur bénéfice. L'option pour le « mini-réel » ne vaut qu'en matière de TVA (déclaration mensuelle). Les redevables demeurent placés sous le régime simplifié d'imposition des bénéfices industriels et commerciaux. Ils continuent à bénéficier des allégements propres au régime simplifié d'imposition des bénéfices.

34 LA FRAUDE À LA TVA

I. LES FRAGILITÉS DE LA TVA

A. Les enjeux fiscaux

1. Le montant de la fraude

Selon la Commission européenne, la fraude transfrontalière représenterait un tiers de l'ensemble de la fraude à la TVA dans l'Union. Selon une étude de la Cour des comptes de novembre 2019, la fraude à la TVA est estimée en France à 15 milliards d'euros.

2. La nature de la fraude

La complexité de l'impôt, tant pour sa déclaration que pour son paiement, est de nature à peser sur l'évasion fiscale. Or, en matière de TVA, l'existence de multiples régimes, de multiples taux et de règles de déduction complexes constitue un terreau fertile à des opportunités de fraude. Les carrousels de TVA fournissent un exemple symptomatique d'une fraude à la TVA intracommunautaire.

B. La fraude carrousel

1. Un mécanisme d'exonération de la TVA

La plupart des situations de fraude carrousel observées reposent sur le même mécanisme d'exonération de TVA dont bénéficient les livraisons intracommunautaires de biens et d'obtention d'un remboursement de la TVA en amont du fait d'une situation créditrice d'un opérateur effectuant principalement des livraisons intracommunautaires exonérées.

2. Une gestion tardive du circuit de la TVA

Les fraudeurs misent sur une stratégie temporelle qui repose sur un délai entre la réalisation d'opérations de carrousel et l'obligation de déposer une déclaration TVA et d'acquitter la TVA déclarée. L'administration découvre tardivement ces circuits de fraude.

II. LUTTE CONTRE LA FRAUDE CARROUSEL

A. L'autoliquidation de la TVA

1. Des mécanismes sectoriels

La France a mis en œuvre des moyens conséquents pour freiner ces fraudes avec l'instauration de dispositifs d'autoliquidation de la TVA pour mettre fin aux possibilités de schémas de carrousel dans certains secteurs d'activité.

2. Une solidarité de paiement de la TVA

La mise en place d'une solidarité de paiement entre le client assujetti et le vendeur en cas de fraude à la TVA sur les ventes de véhicules d'occasion réduit la fraude carrousel.

B. La déclaration électronique des achats

1. Une procédure avortée en 2017

Sa mise en œuvre était initialement prévue pour les transactions intervenant à compter du 1er janvier 2018. Il était prévu de rendre cette procédure obligatoire pour toutes les opérations dont le montant était supérieur à 863 000 € ou dont le montant total des achats auprès d'un même fournisseur ou prestataire dépassait ce montant sur une période de trois mois.

2. L'éradication de la fraude carrousel

L'article 153 de la loi de finances pour 2020 rend la facturation électronique obligatoire dans le cadre des relations Business to Business (B2B) pour la période située entre le 1er janvier 2023 et le 1er janvier 2025. Le mécanisme conduit donc à détecter les sociétés en sommeil qui, soudainement, réalisent un montant de ventes important.

35 LE CHAMP D'APPLICATION DE LA TVA

I. LA TERRITORIALITÉ DE LA TVA

A. Le territoire d'application

1. La France métropolitaine

Le territoire sur lequel s'applique la TVA comprend : la France continentale ainsi que les îles du littoral ; la Corse ; la principauté de Monaco où la législation française est introduite par ordonnances princières ; les départements de la Guadeloupe, de la Martinique et de La Réunion, à l'exclusion de la Guyane et de Mayotte ; les eaux territoriales et le plateau continental sur lequel la République française exerce un droit de souveraineté.

2. Le statut des départements d'outre-mer

Les départements d'outre-mer (DOM) ne font pas partie du territoire fiscal de l'Union européenne. Les DOM sont considérés comme des territoires d'exportation vis-à-vis de la France comme des États membres de l'Union européenne. La facture doit alors mentionner les dispositions légales qui justifient l'absence de taxation : « Exonération de TVA en application de l'article 294 du Code général des impôts. » En outre, la Guyane, Mayotte et La Réunion sont des territoires d'exportation les uns par rapport aux autres et par rapport à la Guadeloupe et à la Martinique. Ces deux derniers DOM sont considérés comme constituant un territoire unique.

B. Les livraisons de biens meubles corporels

1. Les livraisons de biens

Le régime d'imposition des biens livrés en l'état diffère selon qu'ils sont situés ou non en France lors de leur départ à destination de l'acquéreur. Lorsque le bien est expédié ou transporté à partir de la France, le lieu de la livraison est situé en France quel que soit le lieu de destination du bien. Lorsque le point de départ de l'expédition ou du transport du bien est dans un autre État membre, le lieu de la livraison est situé dans cet État.

2. Les ventes à distance

Par dérogation au principe général de détermination du lieu de livraison des biens meubles corporels au lieu du départ de l'expédition ou du transport, l'article 258 A et l'article 258 B du CGI prévoient un régime particulier de localisation des ventes à distance aux personnes bénéficiant du régime dérogatoire (PBRD) ou aux personnes physiques non assujetties (particuliers). En vertu de la loi de finances pour 2020, la taxation est réalisée dans l'État de départ du bien dès lors que le seuil de 10 000 € de ventes n'est pas atteint durant l'année civile en cours ou l'année précédente. Dans le cas contraire, la taxation est réalisée dans l'État d'arrivée du bien.

3. Les livraisons intracommunautaires

Depuis le 1er janvier 1993 et sauf exceptions, dans le cadre du régime transitoire, les notions d'exportation et d'importation pour les échanges intracommunautaires disparaissent au profit de celles de livraison ou d'acquisition selon que l'on se place chez l'expéditeur ou l'acquéreur. Les livraisons intracommunautaires de biens expédiés ou transportés à partir de France sont exonérées en France en respectant certaines conditions de forme tandis que les acquisitions intracommunautaires de biens expédiés ou transportés à destination de la France sont imposables en France.

C. Les prestations de services

1. Le principe général

En application des règles générales posées par l'article 259 du CGI, le lieu des prestations de services est réputé se situer en France lorsque le preneur est un assujetti agissant en tant que tel, établi ou domicilié en France, ou lorsque le preneur est une personne non assujettie et que le prestataire est établi ou domicilié en France.

2. Le cas des prestations électroniques

La vente de prestations de services électroniques à des clients non assujettis à la TVA est taxée au taux de TVA en vigueur dans le pays du client/consommateur. Les déclarations et paiements de TVA dues sur les services fournis dans les pays de l'Union européenne où sont établis les clients peuvent se faire *via* le portail web dénommé « mini-guichet unique ». Depuis le 1er janvier 2019, la TVA n'est applicable en France pour les assujettis non établis en France auprès de consommateurs français non assujettis que si la valeur des prestations excède 10 000 € dans le pays de consommation.

II. LES TROIS CRITÈRES CUMULATIFS D'UNE ACTIVITÉ IMPOSABLE

1. Une activité économique

La loi ne définit pas ce qu'est une activité économique mais exclut de son champ d'application matérielle les activités de gestion du patrimoine privé comme du patrimoine professionnel.

2. Une activité effectuée à titre onéreux

Un bien ou un service est soumis à la TVA s'il existe un lien direct entre le paiement et le service rendu en contrepartie. Ce critère implique une certaine individualisation de la prestation rendue qui ne peut donc pas être collective. En outre, la contrepartie financière doit être considérée comme suffisante pour ne pas être assimilée à une pure libéralité.

3. La qualité d'assujetti

La notion d'assujetti renvoie à la qualification du redevable de l'impôt. Il s'agit d'une personne réputée agir de manière indépendante, sous sa propre responsabilité. Intervenant dans le processus de vente d'un bien ou d'un service, l'assujetti est alors redevable de la TVA.

III. LA DÉTERMINATION EXPRESSE D'UNE OPÉRATION IMPOSABLE

A. Les personnes morales de droit public

1. Les actes des autorités publiques

Aux termes de l'article 13, § 1, de la directive 2006/112/CE du 28 novembre 2006 relative au système commun de la TVA, les organismes de droit public ne sont pas considérés comme des assujettis pour les activités ou opérations qu'ils accomplissent en tant qu'autorités publiques, sauf si leur non-assujettissement conduit à des distorsions de concurrence Le caractère concurrentiel de l'activité d'un organisme public ne peut être établi que par rapport à la même activité ou à une activité semblable au titre de laquelle les entreprises privées sont soumises à la TVA.

2. Les activités soumises à la TVA de plein droit

Les activités exercées en tant qu'autorité publique sont donc hors du champ d'application de la TVA. L'imposition de certaines activités des personnes morales de droit public est néanmoins expressément prévue par la loi (par exemple : gaz, électricité, transports de biens, télécommunications).

3. Les activités soumises à la TVA sur option

En vertu de l'article 260 A du CGI, les personnes morales de droit public peuvent opter pour la TVA pour les activités suivantes : fourniture de l'eau dans les communes de moins de 3 000 habitants ; assainissement ; abattoirs publics ; marchés d'intérêt national ; enlèvement et traitement des ordures ménagères.

B. Les livraisons et prestations à soi-même

1. L'exigence de neutralité de la TVA

La livraison à soi-même est l'opération par laquelle une personne obtient, avec ou sans le concours de tiers, un bien meuble ou immeuble ou une prestation de services à partir de biens, d'éléments ou de moyens lui appartenant. Elles visent à rétablir une neutralité de la TVA dans la mesure où le bien acquis n'est pas vendu mais consommé ou utilisé pour les besoins de l'exploitation.

2. Les livraisons à soi-même d'immeubles

Une personne se livre à elle-même un immeuble bâti lorsque, possédant un terrain, elle y fait élever une construction à l'aide de matériaux qui deviennent sa propriété au fur et à mesure des travaux et ce, quelle que soit l'importance de la participation de tiers (architectes, entrepreneurs).

3. Les prestations à soi-même

Il y a prestation de services à soi-même imposable lors de l'utilisation d'un bien affecté à l'entreprise pour les besoins privés de l'assujetti ou ceux de son personnel. Plus généralement, la prestation à soi-même est caractéristique d'une finalité étrangère à l'entreprise, lorsque ce bien a ouvert droit à une déduction complète ou partielle de la TVA. Ces opérations sont susceptibles, sur un plan pénal, d'une qualification d'abus de biens sociaux

C. Les opérations hors de l'Union européenne

1. Les importations

Il s'agit de l'entrée en France d'un bien originaire ou en provenance d'un État ou d'un territoire n'appartenant pas à l'Union européenne, et qui n'a pas été mis en libre pratique. Cependant, le bien importé est soumis à la TVA, lors de la mise à la consommation en France d'un bien qui a été placé, lors de son entrée sur le territoire français, sous l'un des régimes douaniers suspensifs ou bien d'un entrepôt fiscal (par exemple, l'entrepôt de stockage de biens négociés sur un marché à terme international).

2. Les exportations

Le passage de la frontière est considéré comme un acte imposable par lui-même, même s'il n'y a pas transfert de propriété. Symétriquement, les exportations, en dehors de l'Union européenne, sont exonérées de TVA.

36 LES EXONÉRATIONS DE LA TVA

I. LES OPÉRATIONS HORS DU CHAMP DE LA TVA ET LES OPÉRATIONS EXONÉRÉES

A. Le critère de la distinction

1. Les opérations dans le champ d'application de la TVA

Elles sont en principe imposables de par la loi ou selon le cumul des trois critères examinés précédemment. Cela signifie qu'elles sont soit effectivement imposées à la TVA, soit exonérées de la TVA.

2. Les opérations hors du champ d'application de la TVA

Elles ne remplissent aucune des conditions d'assujettissement à la TVA. Les opérations situées hors du champ d'application de la TVA ne sont pas jamais imposables à la TVA.

B. Les conséquences de la distinction

1. L'absence du droit à déduction pour les achats

D'une part, une opération hors du champ d'application n'ouvre pas droit à déduction de la taxe d'amont alors que certaines exonérations le permettent totalement ou partiellement.

2. Le droit d'option à la TVA

D'autre part, une exonération est parfois assortie d'un droit d'option à la TVA qui est toujours exclu pour une opération hors du champ d'application de la TVA.

II. LES EXONÉRATIONS PRINCIPALES DE TVA

A. Éviter les doubles impositions

1. L'exclusion des jeux de hasard

L'organisation de jeux de hasard ou d'argent est soumise au prélèvement progressif ou à l'impôt sur les spectacles, jeux et divertissements. Par extension, sont exonérées de TVA toutes les sommes dont le versement constitue une condition préalable et nécessaire à la participation aux jeux, comme le droit d'entrée dans les casinos.

2. L'assujettissement des rémunérations d'intermédiaires

Depuis l'entrée en vigueur de la loi du 12 mai 2010 relative à l'ouverture à la concurrence et à la régulation du secteur des jeux d'argent et de hasard en ligne, le produit de l'exploitation des paris sur des compétitions sportives et des jeux de cercle en ligne est exonéré de TVA, à l'exception des rémunérations perçues par les organisateurs et les intermédiaires qui participent à l'organisation de ces jeux et paris.

B. L'exonération pour des raisons sociales

1. L'exercice d'une profession médicale ou paramédicale

Les opérations relevant d'une activité libérale entrent dans le champ d'application de la TVA. Toutefois, sont exonérés de TVA les soins dispensés par les professions médicales et paramédicales, les frais d'hospitalisation et de traitement dans les établissements de soins privés, les opérations portant sur les organes, le sang et le lait humains et le transport sanitaire.

2. L'exercice d'une activité immobilière

Sont exonérées de TVA les locations portant, d'une part, sur les terres et bâtiments à usage agricole et, d'autre part, sur les terrains non aménagés et les locaux nus, ainsi que les locations ou concessions de droits portant sur ces deux catégories d'immeubles dans la mesure où elles relèvent de la gestion d'un patrimoine foncier.

C. L'exonération pour des raisons politiques

1. L'exercice d'une activité associative

En vue d'encourager et de développer la vie associative, le législateur a exonéré de la TVA, sous certaines conditions et limites, de nombreuses opérations effectuées par les organismes agissant sans but lucratif. Il s'agit principalement des services de caractère social, éducatif, culturel ou sportif, rendus à leurs membres par les organismes légalement constitués agissant sans but lucratif et dont la gestion est désintéressée. Par tolérance, le législateur exonère de TVA, les manifestations de bienfaisance ou de soutien dans la limite de six par année et organisées à leur profit exclusif par ces associations.

2. L'exercice d'une activité éducative

L'enseignement est largement exonéré de TVA. Tel est le cas de l'enseignement scolaire, universitaire, technique, professionnel, agricole, mais également de la formation professionnelle continue assurée soit par les personnes morales de droit public, soit par des personnes de droit privé titulaires d'une attestation délivrée par l'autorité administrative compétente reconnaissant qu'elles remplissent les conditions fixées pour exercer leur activité. Par extension, les cours ou leçons particuliers dispensés par des personnes physiques rémunérées directement par les élèves sont exonérées de TVA.

D. L'exonération pour des raisons économiques

1. L'exercice d'une activité d'assurance ou de réassurance

Aux termes du 2° de l'article 261 C du CGI, sont exonérées de la TVA « les opérations d'assurance, de réassurance ainsi que les prestations de services afférentes à ces opérations effectuées par les courtiers et intermédiaires d'assurance ». Une opération d'assurance peut se caractériser par le fait qu'un assureur se charge de procurer à un assuré une prestation convenue (argent ou assistance) dans le cadre d'un contrat, d'une convention ou de tout autre document les liant, moyennant le paiement d'une prime.

2. L'exercice d'une activité bancaire

Les principales opérations bancaires sont exonérées de TVA. Tel est le cas pour les opérations d'octroi et de négociation de crédits, ainsi que pour les opérations de gestion de crédits effectuées par la personne qui les a octroyés, y compris toutes les opérations relatives à la constitution de garanties. Sont également exonérés de TVA les dépôts de fonds, comptes courants, paiements, virements, créances, chèques et autres effets de commerce, à l'exception du recouvrement de créances. En revanche, les locations de coffres-forts ou les prestations d'expertise financière sont soumises à la TVA.

III. L'OPTION À LA TVA

A. Locations immobilières

1. Les locations nues à usage professionnel

L'option est possible si les locaux nus sont donnés en location pour les besoins de l'activité d'un preneur assujetti, ou d'un preneur non assujetti à la condition que le bail fasse mention expresse de l'option par le bailleur. L'option ne peut pas être exercée si les locaux nus donnés en location sont destinés à l'habitation ou à un usage agricole. En d'autres termes, l'option est possible pour des locaux à usage professionnel.

2. Le formalisme de l'option

Les personnes qui donnent en location plusieurs immeubles ou ensembles d'immeubles doivent exercer une option distincte pour chaque immeuble ou ensemble d'immeubles.

B. Portée de l'option

1. La récupération de la TVA d'acquisition

L'option à la TVA du bailleur permet à ce dernier de récupérer la TVA sur les dépenses effectuées au titre de l'investissement immobilier. Au regard du droit à déduction, chaque immeuble ou ensemble d'immeubles ayant fait l'objet d'une option constitue un secteur d'activité distinct. L'option pour le paiement de la TVA sur les loyers peut être exercée alors même que celui qui opte n'est pas encore propriétaire ou n'a pas encore la jouissance de la fraction d'immeuble, de l'immeuble ou de l'ensemble immobilier sur lequel porte l'option.

2. La durée décennale de l'option

La durée de l'option est de 10 ans. Toutefois, en cas de récupération de la TVA déductible, la durée de 10 ans est reconduite pour une durée identique. En outre, la dénonciation de l'option rend exigibles, le cas échéant, les régularisations de la TVA initialement déduite par l'assujetti.

37 L'ASSIETTE DE LA TVA

I. LE FAIT GÉNÉRATEUR ET L'EXIGIBILITÉ DE LA TVA

A. Les livraisons de biens meubles corporels

1. La date de transfert du bien

Le fait générateur et l'exigibilité coïncident lorsqu'intervient le transfert du pouvoir de disposer du bien comme un propriétaire. La vente d'un bien est réputée parfaite dès lors que les parties au contrat sont convenues de la chose et du prix, y compris dans les ventes à tempérament ou les ventes assorties d'une clause de réserve de propriété.

2. L'existence d'une condition suspensive

Dans l'hypothèse d'une condition suspensive pour la vente, le transfert de propriété ne s'opère qu'au moment de la réalisation de la condition. Tel est le cas si la vente d'un bien est conditionnée par l'obtention d'un crédit par exemple.

B. Les prestations de services à décompte unique

1. La nature des prestations

Les opérations concernées sont non seulement les prestations de services de toute nature telles que les réparations, les ventes à consommer sur place, les transports, les locations, les spectacles ainsi que les travaux immobiliers et les services imposables rendus par les membres des professions libérales, les cessions ou concessions de biens meubles incorporels.

2. L'encaissement du prix de la prestation

Le fait générateur de la TVA se produit pour les prestations de services, lorsque la prestation est effectuée, mais la taxe est exigible, en règle générale, lors de l'encaissement du prix, y compris des acomptes.

C. Les prestations de services à décomptes successifs

1. L'échéance des prestations

Pour les prestations de services qui donnent lieu à l'établissement de décomptes ou à des encaissements successifs (factures de téléphonie…), le fait générateur de la TVA se produit au moment de l'expiration des périodes auxquelles ces décomptes ou encaissements se rapportent

2. L'option des « débits »

Afin de faciliter la gestion de flux importants de TVA, l'administration autorise les opérateurs économiques à établir la TVA en fonction, non pas de l'encaissement du prix de la prestation, mais de l'émission d'une facture qualifiée comptablement de « débits ».

II. LA CONSISTANCE DE LA BASE D'IMPOSITION

A. Les éléments inclus

1. Les impôts, taxes, droits et prélèvements de toute nature

Quelle que soit leur nature, tous les impôts, droits, taxes et prélèvements de toute nature autre que la TVA doivent en principe être compris dans la base d'imposition. Tel est le cas des redevances pour services rendus ou bien encore des droits indirects de consommation.

2. Les frais divers acquittés par le client

La base d'imposition est constituée, pour les livraisons de biens, les prestations de services et les acquisitions intracommunautaires, par toutes les sommes, valeurs, biens ou services reçus ou à recevoir par le fournisseur ou le prestataire en contrepartie de ces opérations, de la part de l'acheteur, du preneur ou d'un tiers, y compris les subventions directement liées au prix de ces opérations. La base d'imposition comprend également tous les frais acquittés par le client qui peuvent être considérés comme des compléments de prix, ainsi que les frais accessoires aux livraisons de biens ou services, tels que les frais d'emballage ou de transport demandés aux clients.

B. Les éléments exclus

1. Les réductions de prix

Toute réduction du prix (escompte, bon de réduction…) d'une affaire taxable entraîne une diminution corrélative de la base imposable.

2. Les frais à la charge du client

Les frais à la charge du client et qui sont réglés directement par ses soins (intérêts versés à des organismes de crédit, etc.) sont exclus de la base d'imposition. Il en est de même des frais et taxes avancés par le fournisseur au nom et pour le compte de son client auquel il fait connaître le montant exact des débours.

38 LES TAUX DE TVA

I. LE TAUX NORMAL DE TVA

A. Le taux de 20 %

1. Le principe de base

Le taux normal est applicable à toutes les opérations pour lesquelles aucun autre taux n'est prévu. Il est fixé à 20 % pour la France métropolitaine et la Corse.

2. Les opérations à taux multiples

Lorsque des opérations sont passibles de taux différents mais sont vendues sous un prix global, chacune d'elles doit être, en principe, imposée à raison de son prix et au taux qui lui est propre. Toutefois, ce principe ne fait pas échec à l'application éventuelle du taux le plus élevé dans les différents cas où des opérations passibles de taux différents font l'objet d'une seule facturation (globale ou détaillée).

B. Diversité des biens et services soumis au taux normal

1. Les livraisons dérogations au taux réduit

En principe, les produits destinés à l'alimentation humaine sont soumis au taux réduit, à l'exception des produits de confiserie dont certains chocolats, du caviar et des alcools.

2. Les prestations de services dérogatoires au taux réduit

Certaines prestations de services à caractère social qui n'ont pas un caractère médical, comme les soins de beauté, sont soumises au taux de 20 %. En outre, le taux normal de la TVA s'applique aux prestations de services à la personne relatives aux petits travaux de jardinage, y compris les travaux de débroussaillage et l'aide à domicile en général.

II. LES PRINCIPAUX TAUX RÉDUITS DE TVA

A. Le taux de 5,50 %

1. Les produits alimentaires

Tel est le cas des produits de première nécessité comme l'alimentation humaine. L'expression « produits utilisés pour l'alimentation humaine » recouvre tous les produits qui, par nature, constituent des aliments, simples ou composés, susceptibles d'être utilisés en l'état pour l'alimentation humaine, y compris les ventes à emporter ou à livrer de produits alimentaires préparés en vue d'une consommation immédiate.

2. Les produits culturels

Tel est encore le cas des produits culturels. Ainsi, les opérations d'achat, d'importation, d'acquisition intracommunautaire, de vente, de livraison, de commission, de courtage ou de façon, ainsi que de location portant sur les livres sur tout type de support physique, y compris ceux fournis par téléchargement malgré une opposition de la Commission européenne. En outre, les acquisitions intracommunautaires d'œuvres d'art, d'objets de collection ou d'antiquité effectuées par un assujetti ou par une personne morale non assujettie qui les ont importés sur le territoire d'un autre État membre de l'Union européenne.

3. Les produits médicaux

Pour des raisons de santé publique, le taux réduit de 5,50 % est applicable aux opérations d'achat, d'importation, d'acquisition intracommunautaire, de vente, de livraison, de commission, de courtage ou de façon portant sur les appareillages pour handicapés, y compris les équipements spéciaux, les médicaments non remboursés par la Sécurité sociale, les masques de protection dans la lutte contre la propagation du virus de la Covid 19 et aux préservatifs, masculins comme féminins.

B. Le taux intermédiaire de 10 %

1. Les produits agricoles

Le taux réduit de 10 % de la TVA, à compter du 1er janvier 2014, s'applique aux opérations d'achat, d'importation, d'acquisition intracommunautaire, de vente, de livraison, de commission, de courtage ou de façon portant sur les produits d'origine agricole et sous-produits d'origine agricole, de la pêche, de la pisciculture et de l'aviculture n'ayant subi aucune transformation.

2. Les produits culturels

Dans le domaine culturel, le taux réduit de 10 % s'applique aux livraisons d'œuvres d'art effectuées à titre occasionnel par les personnes qui les ont utilisées pour les besoins de leur exploitation et chez qui elles ont ouvert droit à déduction. Certains spectacles relèvent de ce taux intermédiaire (foires, salons, expositions, jeux et manèges forains).

3. Les travaux à forte main-d'œuvre

En raison d'une main-d'œuvre conséquente, les ventes à consommer sur place effectuées par les cantines d'entreprises, publiques ou privées, et par les fournisseurs extérieurs de ces cantines (sociétés de restauration collective ou traiteurs collectifs) bénéficient d'un taux de 10 % analogue aux prestations rendues par les restaurants. En outre, lorsqu'ils n'entrent pas dans la catégorie des travaux d'amélioration de la qualité énergétique ou des travaux induits qui leur sont indissociablement liés, soumis au taux réduit de la TVA de 5,50 %, le législateur soumet au taux réduit de 10 % de la TVA les travaux d'amélioration, de transformation, d'aménagement et d'entretien portant sur des locaux à usage d'habitation, achevés depuis plus de deux ans.

C. Le taux de 2,10 %

1. Le soutien d'activités prioritaires

Enfin, pour soutenir certains secteurs d'activité, le législateur a prévu un taux super-réduit de 2,10 % au titre de certains médicaments destinés à l'usage de la médecine humaine, des publications de la presse, de la contribution de l'audiovisuel public.

2. Le soutien d'activités créatrices

Bénéficient du taux super-réduit, les 140 premières représentations théâtrales d'œuvres dramatiques, lyriques, musicales ou chorégraphiques nouvellement créées ou d'œuvres classiques faisant l'objet d'une nouvelle mise en scène, ainsi que des spectacles de cirque comportant exclusivement des créations originales.

L'EXERCICE DU DROIT À DÉDUCTION 39

I. LES TROIS COEFFICIENTS DE DÉDUCTION

Pour déterminer le montant de la TVA déductible, l'entreprise doit procéder à une triple opération successive (multiplication de taux) à partir d'un coefficient d'assujettissement, de taxation puis d'admission.

A. Le coefficient d'assujettissement

Il est égal, pour chaque bien ou service, à la proportion d'utilisation de ce bien ou service à des opérations imposables (0 ou 1). La proportion d'utilisation pour la réalisation d'opérations imposables est déterminée par l'assujetti sous sa propre responsabilité.

B. Le coefficient de taxation

Le coefficient est égal à 0 ou à 1 en fonction de son utilisation, mais il est aussi forfaitaire, comme suit :

- au numérateur, le montant annuel du chiffre d'affaires afférent aux opérations ouvrant droit à déduction, y compris les subventions directement liées au prix de ces opérations ;
- au dénominateur, le montant total annuel du chiffre d'affaires afférent aux opérations imposables (opérations ouvrant droit à déduction et opérations n'ouvrant pas droit à déduction), y compris les subventions directement liées au prix de ces opérations.

C. Le coefficient d'admission

Il a pour objet de traduire l'existence de dispositifs particuliers qui excluent de la déduction tout ou partie de la taxe afférente à certains biens ou services. Lorsqu'un bien ou un service ne fait l'objet d'aucune mesure d'exclusion, son coefficient d'admission est égal à l'unité ; sinon, le coefficient est égal à 0.

II. LES SECTEURS DISTINCTS D'ACTIVITÉ

A. Les activités accessoires

Lorsque la perception de produits financiers présente un caractère accessoire par rapport à l'activité principale de l'entreprise mais qu'elle implique une utilisation supérieure à un dixième des biens et services grevés de TVA acquis par l'entreprise, le redevable peut constituer un secteur distinct d'activité regroupant l'ensemble des opérations financières en cause.

B. Le droit à déduction

La comptabilité de l'entreprise doit retracer chaque secteur d'activité.

Lorsque les secteurs comprennent exclusivement soit des opérations ouvrant droit à déduction, soit des opérations n'ouvrant pas droit à déduction, le coefficient de taxation afférent à chaque bien ou service utilisé exclusivement pour l'un des secteurs constitués est respectivement, soit égal à l'unité, soit égal à zéro.

LES CONDITIONS DE LA TVA DÉDUCTIBLE

40

I. LES CONDITIONS DE FORME

A. Les coordonnées de la facture

1. Une réglementation économique

Tout assujetti doit délivrer une facture pour les biens livrés ou les services rendus à un autre assujetti ou à une personne morale non assujettie, ainsi que pour les acomptes perçus au titre de ces opérations. La facture doit mentionner distinctement l'identification des parties et des biens livrés ou des services rendus, la date de l'opération, le total hors taxe par taux d'imposition et la TVA correspondante.

2. La remise en cause du droit à déduction

Si l'une de ces conditions d'exercice du droit à déduction de la TVA n'est pas satisfaite, la déduction de la taxe est susceptible d'être remise en cause. Tel est notamment le cas lorsque l'importance ou la nature des manquements, inexactitudes ou omissions constatés ne permettent pas de considérer le document présenté comme une facture. Toutefois, lorsque la taxe a été facturée par erreur au titre d'une opération exonérée ou à un taux supérieur à celui dont était passible l'opération, et si la bonne foi des parties n'est pas mise en cause, l'émetteur de la facture peut délivrer à son client une facture rectificative

B. L'exigibilité de la TVA

1. La naissance du droit à déduction

Le droit à déduction prend naissance lorsque la taxe déductible devient exigible chez le redevable. Lorsque l'exigibilité de la taxe est intervenue, c'est-à-dire lorsque le droit à déduction a pris naissance chez l'assujetti, et que ce dernier est entré en possession de la facture, du document en tenant lieu ou de la déclaration d'importation, la question qui se pose est de savoir sur quelle déclaration de chiffre d'affaires il peut exercer son droit à déduction.

2. La réception de la facture

Il convient de considérer que, dès lors que l'assujetti est en possession du document à la date de dépôt de sa déclaration de chiffre, il est en mesure d'exercer son droit à déduction sur cette déclaration. En effet, la condition formelle justifiant la déduction de la taxe est respectée.

II. LES CONDITIONS DE FOND

A. La fraude à la TVA

1. La connaissance de la fraude

La remise en cause du droit à déduction est subordonnée à la démonstration, d'une part, qu'une fraude a été réalisée en amont par un fournisseur direct et, d'autre part, que l'acquéreur savait ou ne pouvait pas ignorer que, par son acquisition, il participait à une fraude. La charge de la preuve incombe à l'administration (par exemple, l'existence de liens juridiques, économiques et personnels entre les opérateurs participant au carrousel).

2. Le non-reversement de la TVA collectée

L'administration doit établir, dans un premier temps, que le fournisseur d'un bien n'a pas acquitté frauduleusement la TVA due à raison de la livraison à une entreprise cliente. La fraude consiste pour le fournisseur à ne pas reverser au Trésor la TVA facturée à son client et déduite par ce dernier dans le cadre d'un circuit frauduleux. En revanche, il n'est pas nécessaire de démontrer que l'acquéreur a tiré un bénéfice de la fraude.

B. L'exclusion du droit à déduction

1. La notion d'activité non professionnelle

En vertu d'un principe général, un assujetti ne peut pas déduire la TVA ayant grevé les biens ou les services qui sont utilisés à plus de 90 % à des fins étrangères à son entreprise.

2. Les dépenses de logement

Un assujetti ne peut pas déduire la taxe ayant grevé les dépenses de bien ou de services supportées pour permettre d'assurer le logement à titre gratuit des dirigeants ou du personnel de l'entreprise.

3. Les dépenses de transport

Sont exclus du droit à déduction les véhicules ou engins, quelle que soit leur nature, conçus pour transporter des personnes, ou à usages mixtes (y compris certains produits pétroliers), qui constituent une immobilisation ou, dans le cas contraire, qui ne sont pas destinés à être revendus à l'état neuf.

4. Les cadeaux d'entreprise

N'est pas déductible la taxe ayant grevé des biens cédés sans rémunération ou moyennant une rémunération très inférieure à leur prix normal, notamment à titre de commission, salaire, gratification, rabais, bonification, cadeau, quelle que soit la qualité du bénéficiaire ou la forme de la distribution, sauf quand il s'agit de biens de très faible valeur. Toutefois, la TVA grevant des cadeaux de faible valeur ouvre droit à déduction (69 € TTC l'unité).

III. LES CONDITIONS DE DÉLAIS

A. La date de naissance de la TVA déductible

1. L'exigibilité chez le fournisseur

La déduction de la taxe ayant grevé les biens et les services est opérée par imputation sur la taxe due par le redevable au titre du mois pendant lequel le droit à déduction a pris naissance, c'est-à-dire au titre du mois pendant lequel la taxe est devenue exigible chez le fournisseur ou le prestataire de services, ou chez le redevable lui-même.

2. Le formalisme à respecter

Les coordonnées de la facture justificative du droit à déduction doivent être exactes et non erronées quant au taux et au montant de la TVA.

B. Le délai d'exercice du droit à déduction

1. La mention sur la déclaration de TVA

Cette mention doit figurer sur la déclaration mensuelle ou trimestrielle.

2. La réparation de l'omission

Toutefois, à condition qu'elle fasse l'objet d'une inscription distincte, la taxe dont la déduction a été omise sur cette déclaration peut figurer sur les déclarations ultérieures déposées avant le 31 décembre de la deuxième année qui suit celle de l'omission.

41 LES RÉGULARISATIONS DE TVA

I. LES RÉGULARISATIONS ANNUELLES

A. Les conditions

Il y a lieu à régularisation de la taxe initiale déductible si la proportion d'utilisation du bien immobilisé à des opérations ouvrant droit à déduction, le cas échéant déterminée en partie de façon forfaitaire, a varié de plus d'un dixième, à la hausse ou à la baisse, par rapport à la situation exprimée par les coefficients de référence.

B. Les modalités des régularisations

La régularisation prend la forme soit d'une déduction complémentaire si le coefficient de déduction de l'année est supérieur au coefficient de déduction de référence, soit d'un reversement dans le cas contraire. Elle doit être effectuée avant le 25 avril de l'année suivante.

II. LES RÉGULARISATIONS GLOBALES

A. La cession ou l'apport d'immobilisation soumis à la TVA

Dans le cas d'une cession ou d'un apport soumis à la taxe sur le prix total ou la valeur totale, le bien est réputé avoir été utilisé, pour toute la période de régularisation restant à courir, à une activité telle que son coefficient de déduction soit égal à 1. Peuvent par exemple être visées les cessions de biens mobiliers d'investissement.

B. Les biens cessant d'être utilisés à des opérations ouvrant droit à TVA

Dans ce cas, le coefficient de taxation du bien devient nul, mais son coefficient d'assujettissement reste non nul. Il y a lieu à régularisation globale. Le coefficient d'assujettissement n'étant pas nul, le bien reste disponible pour une nouvelle régularisation durant la période de régularisation, dans le cas où il serait de nouveau utilisé, au moins en partie, à des opérations ouvrant droit à déduction.

TITRE II

L'IMPOSITION DES BÉNÉFICES ET DES REVENUS

LA DÉTERMINATION DU BÉNÉFICE INDUSTRIEL ET COMMERCIAL

42

I. LES BÉNÉFICES INDUSTRIELS ET COMMERCIAUX, UNE NOTION ATTRACTIVE

A. Les personnes imposables

1. Les commerçants et artisans

Sous réserve de l'accomplissement à titre habituel d'actes de commerce exercés dans un but lucratif, les personnes physiques sont redevables de cette catégorie d'imposition. Outre les exploitants individuels, les associés des sociétés de personnes pour leur quote-part y sont également assujettis.

2. L'exercice d'une activité professionnelle

En raison d'une tunnélisation des déficits, il est usuel de distinguer ceux qui exercent leur activité à titre professionnel, c'est-à-dire ceux qui participent personnellement, continûment et directement à l'exploitation commerciale, d'un exercice non professionnel pour ceux qui ne répondent pas à ces conditions.

B. Les activités imposables

1. Les activités réputées commerciales

Outre les activités qui découlent par nature d'actes de commerce, certaines exploitations sont réputées commerciales. Le CGI use de cette assimilation au titre des activités immobilières « professionnelles ». Tel est le cas des marchands de biens, des profits de construction et des lotisseurs dont l'exploitation se détache d'une activité patrimoniale.

2. Les revenus accessoires

La frontière avec d'autres catégories de revenus est parfois fluctuante. Pour sécuriser des revenus accessoires, le législateur a prévu de rattacher aux BIC, en fonction d'un critère de prépondérance du chiffre d'affaires, des revenus accessoires qui relèvent en principe des bénéfices agricoles (vente de produits agricoles sur une exploitation commerciale) ou des bénéfices non commerciaux (ventes de cosmétiques par une esthéticienne).

3. Les exonérations temporaires

Certaines activités sont exonérées temporairement d'impôt en raison d'une politique publique d'aménagement du territoire pour des entreprises nouvelles en zone franche d'activité dans les DOM, ou bien encore dans celles implantées dans des bassins urbains à dynamiser depuis le 1er janvier 2019 ou d'une politique sectorielle liée à l'innovation pour les jeunes entreprises innovantes.

C. La neutralisation de la théorie du bilan

1. La présomption de la théorie du bilan

Le postulat de départ est que, juridiquement, l'entreprise individuelle, dès lors qu'elle n'a pas de personnalité juridique, n'a pas de patrimoine propre qui serait distinct du patrimoine (personnel) de l'entrepreneur. Pour lutter contre la théorie de la source qui ne taxait que les fruits de l'exploitation et non pas son enrichissement par des profits exceptionnels, le législateur de 1933 officialise la théorie du bilan. On consacre ainsi le principe de liberté d'affectation comptable qui est le corollaire du principe de liberté de gestion de l'entreprise.

2. La relativité de la théorie du bilan

L'article 13 de la loi du 29 décembre 2010 de finances rectificative pour 2010 a mis fin aux effets en matière fiscale de ce principe de libre affectation comptable des biens au bilan des entreprises pour les biens qui ne sont pas liés à l'exercice de l'activité professionnelle. Il s'agit de neutraliser l'effet fiscal de la théorie du bilan qui conduit à assimiler à des revenus professionnels BIC ou BA tout revenu provenant d'une immobilisation inscrite à l'actif de l'entreprise ou de la société de personnes. Ainsi, les résultats tirés de l'exploitation non professionnelle de ces biens (produits, charges et résultat de leur cession) sont extournés des bénéfices imposables de l'entreprise pour être imposés dans leur cadre d'imposition conformément à la nature de ces biens.

II. LA DÉTERMINATION DU RÉSULTAT DES BÉNÉFICES INDUSTRIELS ET COMMERCIAUX

A. Le bénéfice net

1. L'agrégation du résultat comptable

Celui-ci est l'agrégation des résultats d'exploitation, financier et exceptionnel. La primauté de la règle comptable est toute relative. Bien que l'exercice constitue le cadre temporel de rattachement d'un bénéfice net, son imposition demeure liée à l'année civile quelle que soit la durée de l'exercice. Bien plus, des règles fiscales de rattachement des créances à l'exercice sont fluctuantes au regard de la connexité fiscale-comptable. Ainsi en est-il des travaux immobiliers comptabilisés à l'avancement ou à l'achèvement.

2. La notion d'actif net

Les produits imposables correspondent peu ou prou à tous les enrichissements de l'exploitation. Le bénéfice net conduit à soustraire de ces produits les dotations aux amortissements, les dotations aux provisions et les charges de toutes natures qui correspondent à une diminution de l'actif net de l'entreprise et sont justifiées par un document tenant lieu de facture.

B. Le passage du résultat comptable au résultat fiscal

1. Les divergences fiscales et comptables

En raison de règles fiscales divergentes de la comptabilité, il y a lieu de rectifier le résultat comptable car certaines charges ne sont pas fiscalement déductibles tandis que certains profits ne sont pas imposables immédiatement.

2. Le traitement des plus ou moins-values

Ainsi, une subvention d'équipement constatée comptablement en profit exceptionnel n'est pas imposable immédiatement, mais peut l'être au rythme des amortissements constatés ou étalée sur une période de dix ans. En outre, la cession d'un bien immobilisé peut conduire à dégager une plus ou moins-value qui n'est pas imposable ou déductible du résultat courant mais bénéficie d'un régime dérogatoire. Il en va de même de certaines charges comptabilisées qui ont diminué le résultat imposable mais qui ne sont pas nécessairement déductibles, à l'instar des contraventions ou des charges somptuaires.

43 LA DÉTERMINATION DU BÉNÉFICE NON COMMERCIAL

I. LES BÉNÉFICES NON COMMERCIAUX, LA CÉDULE-BALAI

A. Des profits non commerciaux

1. L'exercice des professions libérales

Sa raison d'être est de taxer les revenus tirés de l'exercice de professions libérales et des charges et offices dont les titulaires n'ont pas la qualité de commerçants. Sont qualifiées de professions libérales celles dont l'activité intellectuelle est prépondérante et qui consistent en la pratique d'une science ou d'un art. Certaines sont réglementées. Toutefois, en raison de leurs modalités d'exploitation, les pharmaciens ou les laboratoires d'analyses médicales relèvent des BIC et non pas des BNC.

2. L'exercice d'un savoir-faire

Outre l'imposition des professions libérales, l'exploitation d'un savoir-faire comme les produits issus de la propriété industrielle ou plus généralement intellectuelle comme les droits d'auteur sont imposables en BNC. Cette catégorie de revenus connaît depuis 2012 une règle d'attractivité en un sens où les revenus accessoires sont imposables en BNC. Ainsi, à supposer que l'activité médicale reste prépondérante, un médecin qui vend des médicaments relève des BNC

B. Une activité résiduelle

1. L'exercice d'une activité lucrative

Traditionnellement, il s'agit d'imposer les exploitations lucratives qui ne se rattachent à aucune autre catégorie de revenus. Tel est le cas des astrologues ou des prêtres-ouvriers, et plus généralement de tout enrichissement susceptible de se renouveler.

2. L'exercice d'une activité quasi professionnelle

Plus récemment, les opérations de Bourse effectuées dans des conditions analogues à celles qui caractérisent un professionnel ont conduit à imposer en BNC des gains réalisés par des particuliers à raison de l'importance des arbitrages opérés et du temps passé pour réaliser ces opérations. Lorsque les cessions d'actifs numériques réalisées par un contribuable sont la contrepartie de sa participation à la création ou au fonctionnement du système d'unité de compte virtuelle, c'est-à-dire d'une activité de minage, c'est alors le régime des BNC qui doit être appliqué.

II. LA DÉTERMINATION DU RÉSULTAT DES BÉNÉFICES NON COMMERCIAUX

A. Une comptabilité de caisse

1. Les recettes encaissées diminuées des charges

Le bénéfice non commercial est constitué par l'excédent des recettes totales sur les dépenses nécessitées par l'exercice de la profession. Il s'agit des recettes encaissées et des charges payées au cours de l'année civile. Doivent être comprises dans le produit brut toutes les recettes encaissées au cours de l'année d'imposition sans qu'il soit tenu compte : de l'année au cours de laquelle les opérations productives de ces recettes ont été effectuées ; ou du mode de perception (espèces, chèques, inscription au crédit d'un compte, remise de biens ou valeurs, etc.) ; ou bien encore de la nature des rémunérations.

2. L'option pour la comptabilité d'engagement

Les titulaires de BNC peuvent néanmoins opter pour une comptabilité d'engagement les conduisant à inscrire des créances acquises et des dettes certaines en comptabilité. Le corollaire de cette option est de permettre aux cabinets concernés de comptabiliser des provisions, notamment pour créances douteuses.

B. Le bénéfice net imposable

1. La déclaration contrôlée

Dans le cadre de la déclaration contrôlée, les recettes imposables, à l'exclusion des rétrocessions, sont diminuées des dépenses nécessitées par l'exercice de la profession. Outre les dépenses courantes, les BNC peuvent déduire par voie d'amortissement les biens qui font l'objet d'immobilisations.

2. Les immobilisations des BNC

D'une manière générale, la jurisprudence conduit à distinguer, parmi les biens possédés par les titulaires de bénéfices non commerciaux relevant du régime de la déclaration contrôlée, trois catégories d'éléments :

- les éléments affectés par nature à l'exercice de la profession qui doivent obligatoirement être inscrits sur le registre des immobilisations et des amortissements ; même en l'absence d'inscription, ces éléments sont considérés comme faisant partie du patrimoine professionnel du contribuable ;
- les éléments non affectés par nature à l'exercice de la profession, mais utilisés dans le cadre de celle-ci, qui peuvent faire l'objet d'une inscription. Il s'agit d'une simple faculté et non d'une obligation ;
- les éléments non utilisés pour l'exercice de la profession (immeubles donnés en location, par exemple) qui ne peuvent jamais faire partie du patrimoine professionnel des intéressés

3. L'adhésion à un centre de gestion agrée

Comme pour les BIC ou les BA, le montant des bénéfices non commerciaux réalisés par des contribuables soumis à un régime réel d'imposition et non adhérents d'une association agréée (AA), directement ou par l'intermédiaire d'une société ou d'un groupement soumis au régime fiscal des sociétés de personnes, est multiplié par 1,25. Seul le résultat de l'exploitation soumis au barème progressif de l'impôt est majoré. En revanche, les plus-values et moins-values professionnelles à long terme ainsi que les déficits ne font pas l'objet de la majoration de 25 %.

LA DÉTERMINATION DU BÉNÉFICE AGRICOLE

44

I. LES BÉNÉFICES AGRICOLES, UNE CATÉGORIE FLEXIBLE

A. Les revenus imposables

1. Les produits agricoles

Les revenus susceptibles d'être imposés au titre des bénéfices agricoles concernent les produits de l'exploitation agricole (culture et élevage), la production d'énergie à partir de produits ou sous-produits majoritairement issus de l'exploitation agricole (biomasse, méthanisation), les activités équestres (éleveurs avec sol, dresseurs, entraîneurs) et certaines activités de la propriété du sol.

2. Les revenus accessoires

Les revenus accessoires générés à partir de la propriété du sol ne sont pas nécessairement imposables en revenus fonciers. Si le contribuable est soumis au régime micro-BA, en l'absence d'obligations comptables et donc de la possibilité d'inscrire ou non les terres ou bâtiments à l'actif, les revenus tirés de ces derniers sont toujours considérés comme des revenus fonciers. Si le contribuable relève d'un régime de bénéfice réel (normal ou simplifié), les revenus accessoires sont imposables dans la catégorie des bénéfices agricoles lorsque les terres ou bâtiments générateurs desdits produits sont inscrits à l'actif de l'exploitation.

3. Les activités commerciales rattachables

L'article 75 du CGI dévoile le caractère attractif des bénéfices agricoles. Afin de diversifier leurs activités et leurs sources de revenus, de nombreux exploitants agricoles exercent à titre accessoire une activité commerciale (par exemple le tourisme à la ferme), artisanale (par exemple la transformation de produits achetés à des tiers) ou non commerciale (par exemple moniteur de ski). Les recettes retirées de telles activités accessoires qui n'excèdent ni 30 % des recettes issues de l'activité agricole, ni 50 000 €, relèvent des BA. La loi de finances pour 2008 a instauré un dispositif spécifique de prise en compte pour la détermination du bénéfice agricole des revenus provenant de la production d'électricité d'origine photovoltaïque ou éolienne qui n'excèdent ni 50 % des recettes tirées de l'activité agricole, ni 100 000 €

B. Les personnes imposables

1. L'exploitation en nom propre

Outre les exploitants individuels (faire-valoir direct par le propriétaire, fermier, métayer), les bénéfices sociaux réalisés par les sociétés de personnes et assimilées n'ayant pas opté pour leur assujettissement à l'IS ne sont pas imposés au nom de la société, mais au nom personnel des associés.

2. Les groupements de personnes

Les Gaec (groupements agricoles d'exploitations en commun) sont des sociétés civiles de personnes qui ont pour objet de permettre la réalisation d'un travail en commun dans des conditions comparables à celles existant dans les exploitations de caractère familial. Les Gaec présentent la double particularité de pouvoir être dotés d'un capital variable et d'admettre la limitation de la responsabilité de leurs membres.

3. Les sociétés de personnes

Les GFA (groupements fonciers agricoles) sont des sociétés civiles formées entre personnes physiques, qui ont pour objet soit la création ou la conservation d'une ou plusieurs exploitations agricoles, soit l'une et l'autre de ces opérations. S'ils exploitent en faire-valoir direct, leurs membres sont donc personnellement assujettis à l'IR pour leur part – déterminée comme en matière de bénéfices agricoles – des bénéfices sociaux correspondant à leurs droits dans le groupement. Les GFA non exploitants bénéficient d'avantages fiscaux en matière de transmission de patrimoine et d'IFI.

II. LA DÉTERMINATION DU RÉSULTAT DES BÉNÉFICES AGRICOLES

A. Le régime micro

1. Les seuils d'éligibilité

Le régime d'imposition applicable de droit à un exploitant agricole est déterminé en fonction de la nature et de la moyenne des recettes calculées sur les trois années précédentes. Pour les années 2020, 2021 et 2022, le nouveau seuil de chiffre d'affaires à ne pas dépasser est fixé à 85 800 €. Les recettes à retenir pour l'appréciation de la limite du régime du micro-BA s'entendent de l'ensemble des sommes effectivement encaissées au cours de l'année civile, même si elles se rapportent à des créances nées au cours d'une année antérieure, à l'exclusion des recettes provenant de la cession d'immobilisations, des subventions d'équipement et des travaux d'entraide. Le revenu imposable est calculé après un abattement de 87 %.

2. Les exclusions du régime micro

Sont exclus du régime micro les profits tirés de leurs activités agricoles par les personnes qui effectuent des opérations commerciales sur des animaux de boucherie et de charcuterie qui sont obligatoirement imposés d'après un régime réel d'imposition. En outre, les exploitants qui exercent une activité de préparation et d'entraînement des équidés domestiques, à l'exclusion des activités de spectacle, sont soumis à un régime réel d'imposition (simplifié ou normal). Il en va de même de la production d'énergie à partir de produits ou sous-produits majoritairement issus de l'exploitation agricole.

B. Le régime réel d'imposition

1. Le seuil d'éligibilité

Le régime réel simplifié s'applique de plein droit aux exploitants dont la moyenne des recettes mesurée sur trois années consécutives n'excède pas 365 000 €. Le bénéfice réel de l'exploitation agricole est déterminé et imposé selon les principes généraux applicables aux entreprises industrielles et commerciales, sous réserve de certains aménagements destinés à tenir compte des contraintes et caractéristiques particulières de la production agricole, dont l'irrégularité des revenus.

2. L'étalement des revenus exceptionnels

Sur demande de l'exploitant agricole qui décide d'apporter son exploitation soumise à l'IR à une société assujettie à l'IS ou qui opte pour l'IS lorsque son activité est exercée dans le cadre d'une entreprise agricole à responsabilité limitée (EARL), l'IR afférent à certains revenus « exceptionnels » peut être étalé sur cinq ans.

45 LES SOCIÉTÉS SOUMISES À L'IMPÔT SUR LES SOCIÉTÉS

I. LA NOTION DE TRANSLUCIDITÉ EN DROIT FISCAL

A. Les critères de distinction

1. La notion de transparence fiscale

Les membres des sociétés dotées de la transparence fiscale au sens de l'article 1655 ter du CGI sont considérés, sur le plan fiscal, comme personnellement propriétaires des locaux à la jouissance desquels leurs actions ou parts sociales leur donnent vocation. Ces sociétés ont vocation à la construction ou à l'acquisition d'immeubles ou de groupes d'immeubles en vue de leur division par fractions destinées à être attribuées aux associés en propriété ou en jouissance.

2. La notion de translucidité fiscale

Plus nombreuses sont les sociétés semi-transparentes. Lorsqu'elles ne sont pas soumises à l'IS, les sociétés mentionnées à l'article 8 du CGI, qui ne répondent pas aux conditions prévues à l'article 1655 ter du CGI et qui, de ce fait, ne bénéficient pas du régime dit de la transparence fiscale, sont alors considérées comme translucides. Il s'agit pour l'essentiel des sociétés de personnes.

B. Le régime fiscal de la translucidité

1. L'associé d'une société translucide

La translucidité implique pour l'associé que le revenu social soit imposé conformément à sa nature et à sa source. Sur le plan international et conformément à la jurisprudence Kingroup du Conseil d'État en 1997, lorsque les sociétés de personnes sont considérées comme translucides, elles sont le sujet fiscal et sont par conséquent considérées comme résidentes de l'État. Ce sont elles qui peuvent bénéficier des stipulations des conventions fiscales internationales au titre des revenus qu'elles perçoivent. En d'autres termes, la détermination du lieu où est exercée l'activité doit se faire au niveau de la société ou du groupement de personnes et non de ses membres.

2. La transformation d'une société translucide

Le passage d'une société translucide à une société opaque et vice versa comporte donc des conséquences fiscales non négligeables tant au regard de la société que des associés. Au niveau de la société, et sauf tolérance administrative, une éventuelle plus-value d'actifs est imposable à raison d'une telle transformation. Au niveau des associés, seul le passage de l'IS à l'IR rend imposable, entre les mains des associés, des réserves considérées comme distribuables *de facto*.

II. LES SOCIÉTÉS SOUMISES À L'IS DE PLEIN DROIT OU SUR OPTION

A. Les sociétés de capitaux soumises à l'IS de plein droit

1. L'IS selon la forme des sociétés

L'article 206 du CGI précise que les sociétés de capitaux sont passibles de l'IS, quel que soit leur objet. Cette règle concerne les sociétés qui ont choisi, purement et simplement, le statut de société anonyme, de société en commandite par actions, de société par actions simplifiée ou de société à responsabilité limitée.

2. Les sociétés d'exercice libéral soumises à l'IS

Les personnes morales qui ont adopté la forme de sociétés de capitaux sont passibles de l'IS, y compris si leur objet est civil. Tel est le cas depuis le 1er janvier 1992 des sociétés d'exercice libéral pour l'exercice des professions libérales soumises à un statut législatif ou réglementaire ou dont le titre est protégé (Selarl, Selas, Selafa...).

3. L'IR par option des sociétés de capitaux

Certaines sociétés de capitaux peuvent opter pour le régime fiscal des sociétés de personnes, c'est-à-dire pour l'IR au lieu de l'IS. Sous réserve de l'exercice d'une activité commerciale l'option pour l'IR des SARL peut être exercée par les sociétés formées uniquement entre personnes parentes en ligne directe ou entre frères et sœurs, ainsi que les conjoints et les partenaires liés par un Pacs. Sous certaines conditions de chiffre d'affaires et de détention capitalistique, les sociétés de capitaux peuvent opter pour depuis 2008 pour l'IR, et ce pour une durée maximale de cinq ans.

B. Les sociétés de personnes soumises à l'IS sur option

1. L'option à l'IS

Les sociétés ou groupements de personnes qui souhaitent opter pour leur assujettissement à l'IS doivent notifier cette option au service des impôts du lieu de leur principal établissement. L'option doit être exercée avant la fin du troisième mois de l'exercice au titre duquel l'entreprise souhaite être soumise pour la première fois à l'IS.

2. La révocabilité de l'option IS

L'option pour l'IS n'est plus irrévocable. En effet, la loi de finances pour 2019 permet aux sociétés et groupements de personnes qui ont opté pour leur assujettissement à l'IS de renoncer à cette option jusqu'au cinquième exercice suivant celui au titre duquel l'option a été exercée.

3. Les exclusions de l'option IS

Certains groupements ou sociétés ne sont pas autorisés à opter pour l'IS. Tel est le cas des sociétés immobilières de copropriété, des groupements forestiers, des sociétés civiles de construction-vente, des sociétés civiles de moyens et des sociétés civiles de placement immobilier.

LE CHAMP D'APPLICATION DE L'IMPÔT SUR LES SOCIÉTÉS

46

I. LA TERRITORIALITÉ DE L'IS

A. La localisation des activités

1. Le lieu d'exploitation

Le lieu d'exploitation des entreprises détermine en principe – sous réserve des dérogations résultant notamment de l'application des conventions internationales – l'imposition des bénéfices passibles de l'IS. Ainsi, les bénéfices réalisés dans des entreprises exploitées à l'étranger par des sociétés ayant leur siège en France ne sont pas soumis à l'IS en France.

2. La notion d'entreprise exploitée en France

La notion d'entreprise exploitée en France est déterminée à partir de trois critères alternatifs : la présence d'un établissement stable analogue à la définition du modèle OCDE, par l'intermédiaire de représentants, en présence d'un cycle commercial complet. L'exercice habituel d'une activité peut également s'exercer, en l'absence de toute installation présentant le caractère d'un « établissement », par l'intermédiaire de « représentants ». Mais il convient de distinguer à cet égard selon que les « représentants » possèdent ou non une personnalité professionnelle distincte de celle de l'entreprise qui a recours à leurs services. L'exercice habituel d'une activité peut enfin résulter de la réalisation d'un cycle commercial complet d'opérations (achat-revente par exemple), alors même que l'entreprise ne posséderait dans le pays concerné aucun établissement ou représentant permanent.

3. La notion de siège des personnes morales

La notion de siège doit en principe s'entendre comme étant le siège social indiqué dans les statuts. Toutefois, si le siège social apparaît fictif, il y a lieu de retenir le siège réel, qui s'entend du lieu où sont, en fait, principalement concentrés les organes de direction, d'administration et de contrôle de la société. Le siège réel correspond au siège de direction effective visé dans la plupart des conventions internationales conclues avec la France.

B. Les aménagements au principe de territorialité

1. Les transferts de bénéfices hors de France

Les entreprises placées sous la dépendance ou possédant le contrôle d'entreprises étrangères peuvent conduire à un transfert de bénéfices. Pour l'établissement de l'impôt français, les bénéfices indirectement transférés à ces entreprises étrangères, soit par voie de majoration ou de diminution des prix d'achat ou de vente, soit par tout autre moyen, sont ajoutés aux résultats déclarés.

2. La notion de régime fiscal privilégié

Les transferts de bénéfices de la France au profit d'un État qui dispose d'un régime fiscal privilégié conduisent également à modifier les règles de territorialité. Tel est le cas de certaines sommes payées ou dues par une personne physique ou morale, qui ne sont pas admises en charges déductibles du résultat fiscal à moins d'apporter la preuve de la réalité des opérations et du caractère non exagéré du montant. Tel est encore le cas des entreprises françaises détenant au moins 50 % d'une entité étrangère établie dans un pays à fiscalité privilégiée. Ces bénéfices ou revenus positifs réalisés par une telle entité soumise à un régime fiscal privilégié sont réputés constituer des revenus de capitaux mobiliers de la personne morale établie en France. Il s'agit donc d'un principe de mondialité asymétrique.

II. LES SOCIÉTÉS DE CAPITAUX EXONÉRÉES D'IS

A. Les sociétés mobilières d'investissement

1. Les sociétés d'épargne mobilière

Les sociétés mobilières d'investissement à capital fixe (Sicaf) et à capital variable (Sicav) sont soumises à un régime fiscal particulier qui tend à éviter la double imposition des revenus du portefeuille lors de l'encaissement et lors de la distribution. Ces sociétés sont exonérées d'IS pour la partie de leurs bénéfices provenant des produits nets de leur portefeuille ou des plus-values qu'elles réalisent sur la vente des titres ou parts sociales faisant partie de ce portefeuille

2. Les sociétés de capital-risque

Les sociétés de capital-risque (SCR) ont pour objet essentiel de concourir au renforcement des fonds propres des sociétés non cotées. Elles doivent donc détenir un quota de leur portefeuille investi dans des titres de sociétés de cette nature. Elles doivent avoir leur siège social en France et être constituées sous la forme de sociétés par actions (société anonyme, société en commandite par actions ou société par actions simplifiée) cotées ou non cotées. L'exonération d'IS concerne les produits et plus-values nets provenant de leur portefeuille ainsi que les prestations accessoires.

B. Les sociétés immobilières d'investissement

1. Les sociétés immobilières à vocation sociale

Des exonérations d'IS sont prévues en faveur de certains organismes contribuant à l'aménagement du territoire, à la construction d'immeubles, au logement et à la mobilité des salariés. Tel est le cas des organismes d'habitations à loyer modéré (HLM), sociétés d'économie mixte (SEM), des établissements publics pour leurs opérations de lotissement et de vente de terrains leur appartenant, et des sociétés facilitant le logement des salariés et leur mobilité.

2. Les sociétés d'investissements immobiliers cotées en Bourse

Dans le secteur concurrentiel, les sociétés d'investissements immobiliers cotées (Siic) bénéficient, sous certaines conditions, d'une exonération d'IS assortie d'une obligation de distribution des résultats exonérés. Ceux-ci sont ensuite imposés au niveau de l'associé bénéficiaire. Les filiales détenues directement ou indirectement à au moins 95 %, soumises à l'IS, et ayant un objet identique, peuvent également opter pour ce régime.

47 LE CALCUL DE L'IMPÔT SUR LES SOCIÉTÉS

I. LES MODALITÉS SPÉCIFIQUES DE L'ASSIETTE DE L'IS

A. Les produits

1. Le régime mère-fille

Afin d'éviter la double imposition qui résulte d'une stricte application de cette règle aux produits des participations, lesquels ont déjà supporté l'IS lors de leur réalisation par des sociétés filiales, le législateur prévoit que les produits de participations ouvrant droit à l'application du régime des sociétés mères (détention minimale de 5 % dans la société fille) ne sont pas pris en compte dans le résultat imposable de la société qui perçoit ces produits, à l'exception d'une quote-part de frais et charges égale à 5 % des produits. Autrement dit, 95 % des dividendes sont exonérés d'IS au niveau de la mère qui les perçoit (extourne extracomptable).

2. L'exonération des produits de filiales

Depuis le 1er janvier 2019, lorsqu'ils sont perçus à raison d'une participation dans une société établie hors de France, les produits de participation non éligibles au régime fiscal des sociétés mères et perçus par une société non intégrée fiscalement sont, sous certaines conditions, retranchés du bénéfice net à hauteur de 99 % de leur montant.

3. L'abandon de créance à caractère financier

L'abandon de créance consentie par une entreprise constitue un produit d'exploitation qui est exonéré d'IS si l'abandon a un caractère financier. Pour bénéficier de cette mesure, la société bénéficiaire de l'abandon de créance doit prendre l'engagement de procéder à l'augmentation de son capital au profit de la société créancière pour un montant au moins égal à l'abandon de créance consenti.

B. Les charges

1. Les immobilisations financières

Les sociétés passibles de l'IS ont l'obligation d'incorporer au prix de revient des titres de participation les frais liés à leur acquisition. La fraction du prix de revient des titres de participation correspondant peut toutefois être amortie sur cinq ans à compter de la date d'acquisition des titres.

2. Les rémunérations des dirigeants

Quelle que soit la qualification sociale des dirigeants, les rémunérations qui leur sont versées peuvent être comprises, en principe, parmi les charges déductibles pour l'assiette de l'IS. Toutefois, cette déduction n'est permise que dans la mesure où les rémunérations correspondent à un travail effectif et ne sont pas excessives eu égard à l'importance du service rendu. Si les allocations et secours versés à d'anciens ouvriers et employés ou à leur famille en considération des services rendus antérieurement peuvent, en général, être admis en déduction, il convient d'être plus vigilant en ce qui concerne les sommes versées à d'anciens dirigeants ou à leur famille.

3. La déductibilité des charges financières

De nombreux dispositifs limitent la déduction des charges financières. Ainsi, les intérêts versés en rémunération des comptes courants d'associés, en sus de leur part du capital, quelle que soit la forme de la société, sont déductibles dans la limite de ceux calculés à un taux égal à la moyenne annuelle des taux effectifs moyens pratiqués par les établissements de crédit. En outre, il existe un plafonnement des charges financières nettes des entreprises au montant le plus élevé, entre 30 % de leur résultat fiscal avant intérêts, impôts, dépréciations et amortissements (Ebitda fiscal) et 3 millions d'euros.

C. Les plus et moins-values

1. La cession des titres de participation

Pour les entreprises passibles de l'IS, le législateur exclut de régime des plus ou moins-values à long terme, les plus ou moins-values provenant de la cession de l'ensemble des éléments de l'actif immobilisé, à l'exception de la cession des titres de participation. Pour bénéficier de ce régime, les titres immobilisés à l'actif du bilan (détention minimale de 5 % dans le capital de la structure cédée) doivent être détenus pendant au moins deux années et ne pas constituer des sociétés à prépondérance immobilière. Ces plus-values à long terme font l'objet d'une taxation au taux de 0 %, sous réserve de l'application d'une quote-part de frais et charges de 12 %. En d'autres termes, 88 % de la plus-value brute sont exonérés d'IS (extourne extra-comptable).

2. Les produits de la propriété industrielle

Les produits de la propriété industrielle (brevets, certificats d'obtention végétale, inventions brevetables, à l'exclusion des dessins et marques) bénéficient d'un régime dérogatoire. Le régime des plus-values à long terme ne s'applique pas lorsqu'il existe des liens de dépendance entre l'entreprise cédante et l'entreprise cessionnaire. Le résultat net bénéficiaire est déduit extra-comptablement du résultat de l'entreprise imposable dans les conditions de droit commun pour être soumis au taux réduit de 10 %. Le résultat net tient compte depuis le 1er janvier 2019 d'un ratio correspondant au rapport existant entre les dépenses de R&D dites éligibles et les dépenses totales de l'entreprise (au numérateur les dépenses de R&D, retenues pour 130 % de leur montant et au dénominateur le montant total des dépenses de R&D).

3. La généralisation de l'abus de droit

Conformément à une clause anti-abus entrée en vigueur en 2019, il n'est pas tenu compte, pour l'établissement de l'IS, d'un montage ou d'une série de montages qui, ayant été mis en place pour obtenir, au titre d'objectif principal ou au titre d'un des objectifs principaux, un avantage fiscal allant à l'encontre de l'objet ou de la finalité du droit fiscal applicable, ne sont pas authentiques compte tenu de l'ensemble des faits et circonstances pertinents. Cette clause concerne l'ensemble des postes de l'IS et pas uniquement les plus et moins-values.

II. LA DÉTERMINATION DU RÉSULTAT IMPOSABLE DANS UN GROUPE DE SOCIÉTÉS

A. Les conditions

1. La société tête de groupe

Il est possible de créer entre les sociétés soumises à l'IS un groupe fiscal, c'est-à-dire un redevable unique de l'IS en France. Seules peuvent faire partie du groupe les sociétés dont les résultats sont soumis à l'IS dans les conditions de droit commun. Le périmètre du groupe fiscal est librement déterminé par les entités du groupe sous réserve de respecter certaines conditions.

2. Les conditions temporelles de l'intégration fiscale

En premier lieu, les sociétés membres du groupe (la société mère et les sociétés filiales) doivent obligatoirement ouvrir et clore leurs exercices respectifs à la même date. Ces exercices doivent avoir une durée de douze mois. Il est néanmoins admis un décalage au titre d'un seul exercice pendant la période d'intégration fiscale d'une durée de cinq ans.

3. Les conditions capitalistiques de l'intégration fiscale

En second lieu, le capital de la société mère ne doit pas être détenu à 95 % au moins, directement ou indirectement, par une autre personne morale soumise à l'IS dans les conditions de droit commun. En outre, le capital des filiales doit être détenu à 95 % au moins de manière continue au cours de l'exercice par la société mère directement ou par l'intermédiaire de sociétés du groupe.

B. Les conséquences

1. Le résultat de groupe

Les sociétés du groupe déterminent leur propre résultat fiscal et opèrent des retraitements d'ensemble pour éliminer les doubles emplois. Cette intégration fiscale permet de compenser les résultats bénéficiaires et déficitaires des sociétés du groupe sous réserve d'une convention d'intégration fiscale. Cela permet également à la société mère intégrante de bénéficier des crédits d'impôt et réductions d'impôt qui risquaient d'être perdus au niveau des filiales.

2. Le traitement des flux intragroupe

Dans le cadre des opérations intra-groupe (cession de biens entre les sociétés du groupe), une neutralisation des effets fiscaux doit être réalisée. Ainsi, la plus-value ou la moins-value afférente à la cession entre sociétés du groupe d'un élément d'actif immobilisé n'est pas retenue pour le calcul du résultat, ou de la plus-value ou de la moins-value nette à long terme d'ensemble au titre de l'exercice de cette cession. Corrélativement, cette plus-value ou cette moins-value est comprise dans le résultat ou plus-value ou moins-value nette à long terme d'ensemble de l'exercice au cours duquel intervient soit la cession hors du groupe de l'immobilisation, soit la sortie du groupe d'une société qui l'a cédée ou de celle qui en est propriétaire.

3. Le traitement des produits des filiales

Pour les exercices ouverts à compter du 1er janvier 2016, le résultat d'ensemble n'est plus diminué de la quote-part de frais et charges comprise dans le résultat individuel des sociétés du groupe. Pour les exercices ouverts à compter du 1er janvier 2019, lorsqu'ils n'ouvrent pas droit à l'application du régime des sociétés mères et filiales, les produits de participation perçus par une société du groupe d'une société membre du groupe depuis plus d'un exercice sont retranchés du résultat d'ensemble à hauteur de 99 % de leur montant.

III. LE TRAITEMENT FISCAL DU RÉSULTAT À L'IS

A. La gestion des déficits

1. Le déficit de l'exercice

Pour les entreprises soumises à l'IS, le déficit subi au titre d'un exercice constitue une charge de l'exercice suivant et est déduit du bénéfice réalisé pendant ledit exercice. Si ce bénéfice n'est pas suffisant, l'excédent du déficit est reporté sur les exercices suivants sans limitation de durée. Toutefois, l'entreprise peut, sur option, choisir de l'imputer sur le bénéfice de l'exercice précédent.

2. La gestion du déficit dans le temps

Le report en avant des déficits est soumis à des conditions restrictives. L'imputation de déficits antérieurs sur le bénéfice constaté au titre d'un exercice est limitée à hauteur d'un plafond égal à 1 000 000 €, majoré d'un montant de 50 % du bénéfice imposable de l'exercice excédant cette première limite.

3. La gestion optimale du déficit

Le report en arrière des déficits est strictement encadré. Seul le déficit constaté à la clôture d'un exercice, dans la limite d'un plafond de 1 000 000 €, est imputable sur le bénéfice de l'exercice précédent. Cela permet à l'entreprise de récupérer un crédit d'impôt égal à l'IS réellement payé au titre de l'exercice N - 1. Cette créance est remboursable à l'issue d'une période de cinq ans ou imputable sur l'IS à payer pendant la même période

B. L'imposition des bénéfices

1. Le taux d'IS de droit commun

Pour les exercices ouverts depuis le 1er janvier 2020, le taux d'IS de droit commun applicable au résultat fiscal est de 28 % pour les entreprises dont le chiffre d'affaires est inférieur à 250 millions d'euros et pour les entreprises dont le chiffre d'affaires est supérieur à 250 millions d'euros si le bénéfice est compris entre 0 et 500 000 €. Pour la fraction du bénéfice supérieur à 500 000 €, le taux est fixé à 31 %.

2. Le taux d'IS au taux réduit

Cependant, les PME assujetties à l'IS (dont le chiffre d'affaires est inférieur à 7 630 000 €) bénéficient de plein droit d'un taux réduit d'IS de 15 % sur la fraction des bénéfices n'excédant pas 38 120 €. Pour ces sociétés, le bénéfice de cette mesure est, en outre, subordonné au respect de conditions particulières tenant à la libération et à la composition de leur capital à au moins 75 %.

3. Les réductions d'impôt

Enfin, le montant de l'IS est diminué des réductions d'impôt et des crédits d'impôt qui ne font pas l'objet d'un plafonnement global. Dans le cadre d'une politique de soutien à l'innovation, les dépenses fiscales ont largement contribué à structurer la recherche en France. Tel est le cas du CIR dont le coût est estimé en 2019 à 6,2 milliards d'euros. Les activités concernées par le CIR sont les activités de recherche et de développement telles que les activités de recherche fondamentale ou appliquée et les activités de développement expérimental. Le taux du CIR est de 30 % pour les dépenses de recherche jusqu'à 100 millions d'euros et de 5 % au-delà. Dans le cadre d'un mécénat culturel, les entreprises bénéficient d'une réduction d'impôt de 90 % des dépenses d'acquisition pour les dons en faveur de l'achat par l'État ou toute autre personne publique d'un trésor national.

LES OBLIGATIONS FISCALES DES PERSONNES PHYSIQUES

48

I. LA TERRITORIALITÉ DE L'IR

A. La notion de domicile fiscal

1. Les critères alternatifs du domicile fiscal

Sont ainsi considérées comme fiscalement domiciliées en France : les personnes qui ont sur le territoire français leur foyer ou le lieu de leur séjour principal ; celles qui y exercent une activité professionnelle, salariée ou non, à moins qu'elles n'établissent que cette activité est exercée en France à titre accessoire ; celles qui ont en France le centre de leurs intérêts économiques. Ces critères sont alternatifs.

2. Les critères conventionnels successifs

En cas de conflit au titre de la qualification de résidence fiscale retenue dans un autre pays, il y a lieu d'appliquer la convention fiscale bilatérale (environ 130 conventions signées par la France). Conformément au modèle OCDE, elle retient des critères successifs qui prennent en compte l'existence d'un foyer d'habitation permanent, le centre des intérêts vitaux, le lieu du séjour habituel et *in fine* la nationalité.

B. La notion de foyer fiscal

1. L'imposition commune

Chaque contribuable est imposable à l'IR, sur l'ensemble des revenus des membres du foyer fiscal, c'est-à-dire tant en raison de ses bénéfices et revenus personnels que de ceux de ses enfants et des personnes considérées comme étant à sa charge. C'est donc le principe de l'imposition commune qui domine tant pour les personnes mariées que pour celles unies par un Pacs.

2. L'exception du double foyer fiscal

Cette notion a une incidence indirecte sur les règles de territorialité. Alors même qu'une personne mariée exerce une activité professionnelle en dehors de la France (expatrié), elle continue à être imposable en France en raison d'un foyer fiscal au titre de l'époux resté en France. Cette règle ne cède que si les époux sont mariés en séparation de biens et possèdent effectivement un double domicile.

II. L'OBLIGATION FISCALE ILLIMITÉE OU LIMITÉE

A. Les revenus de la source

1. Les revenus rattachés au sol

Sous réserve de l'application des conventions internationales, les contribuables domiciliés en France sont soumis à une obligation fiscale illimitée et sont imposés dans les conditions de droit commun sur l'ensemble de leurs revenus de source française ou étrangère. Symétriquement, les contribuables domiciliés hors de France sont imposables à raison de leurs seuls revenus de source française limitativement énumérés par la loi.

2. Le cas des agents diplomatiques et consulaires

La rémunération officielle des agents diplomatiques et consulaires en poste en France est exonérée d'impôt en France en application des stipulations de la convention de Vienne de 1961. En qualité de non-résidents, leurs revenus patrimoniaux de source étrangère sont exonérés d'IR en France mais ils demeurent soumis à cet impôt à raison de leurs revenus patrimoniaux de source française. Les membres des représentations d'États auprès d'organisations internationales bénéficient de ces mesures

B. Les dérogations à l'obligation fiscale illimitée

1. Les salariés détachés temporairement hors de France

Dans le cadre de la territorialité de l'IR, une dérogation a été instaurée pour les salariés envoyés à l'étranger par un employeur établi en France et qui conservent leur domicile fiscal en France. En effet, un régime d'exonération totale ou partielle de leurs traitements et salaires perçus en rémunération de l'activité exercée à l'étranger a été mis en œuvre pour accompagner les investissements hors de France.

2. Les conditions de l'exonération d'impôt

L'exonération totale est accordée aux personnes susceptibles de justifier avoir été effectivement soumises, sur les rémunérations en cause, à un IR dans l'État d'exercice de l'activité au moins égal aux deux tiers de celui qu'elles auraient supporté en France sur la même base d'imposition. L'exonération partielle, qui porte sur les seuls suppléments de rémunération liés à l'expatriation, est accordée, sous conditions, aux salariés qui ne peuvent se prévaloir du bénéfice d'une exonération totale d'impôt.

LES REVENUS NETS CATÉGORIELS IMPOSABLES

49

I. LES CARACTÉRISTIQUES DU REVENU NET IMPOSABLE

A. Un revenu annuel

1. Le principe d'annualité

L'IR est dû chaque année à raison des bénéfices ou des revenus que le contribuable réalise ou dont il dispose au cours de la même année.

2. Les exceptions au principe d'annualité

Certains revenus exceptionnels ou différés peuvent bénéficier du système du quotient ou d'un système d'étalement pour des revenus exceptionnels ou pour certaines activités erratiques.

B. Un revenu net de charges

1. Les charges du revenu

Le revenu imposable est constitué par l'excédent du produit brut sur les dépenses effectuées en vue de l'acquisition ou de la conservation d'un revenu. Ces charges sont déductibles soit des revenus catégoriels, soit du revenu global.

2. Les revenus non imposables

L'économie collaborative donne naissance à de nouvelles formes de revenus qui correspondent à des partages de frais (covoiturage...). Sous certaines conditions de montant, ces revenus de consommation ne sont pas imposables.

C. Un revenu disponible

1. Le fait générateur

L'impôt porte sur des revenus dont le contribuable a eu la disposition au cours de l'année d'imposition. La perception de ce revenu peut être décalée dans le temps.

2. La situation des créances d'associés

L'inscription d'un revenu au crédit d'un compte d'associé non bloqué vaut en principe présomption de disponibilité en société. Bien plus, la rémunération d'un dirigeant, associé au capital d'une entreprise, non prélevé et figurant sur son compte courant d'associé, est présumée disponible.

II. LES REVENUS D'ACTIVITÉS DÉPENDANTES

A. Les salariés du secteur privé

1. Le lien de subordination

Le droit fiscal appréhende sous cette catégorie les personnes en principe titulaires d'un contrat de travail mais il n'y a pas de formalisme exacerbé. Un contrat tacite qui remplit les critères de subordination relève de cette catégorie (lieu d'activité, horaires de travail, ordre de commandement).

2. Les rémunérations de toute nature

Quelle que soit la qualification retenue, les rémunérations sont imposables (primes, bonifications...), y compris au titre des avantages en nature (logement, nourriture, transport) mis à disposition par l'entreprise.

3. Les allocations pour frais d'emploi

Certaines allocations de frais accordées au salarié, au titre de ses déplacements professionnels, ne sont pas imposables, sauf si le contribuable a opté pour un régime de frais réels.

B. Agents du secteur public

1. Une imposition commune aux salariés du secteur privé

Les émoluments des agents du secteur public (fonctionnaires ou sous contrat) relèvent de la catégorie des traitements et salaires selon les mêmes modalités que les salariés du secteur privé.

2. Les indemnités des élus locaux

Les indemnités de fonction perçues par les élus locaux sont imposables à l'IR suivant les règles applicables aux traitements et salaires et sont soumises au prélèvement à la source.

C. Dirigeants de sociétés

1. Les dispositions de l'article 62 du CGI

Les dirigeants concernés sont :

- gérants majoritaires de SARL soumises à l'IS ;
- gérants associés des sociétés en commandite par actions ;

- associés de sociétés de personnes ayant opté pour leur assujettissement à l'IS (les associés de sociétés civiles soumises à l'IS de plein droit n'entrent pas dans le champ d'application de l'article 62 du CGI) ;
- associés des EURL qui ont opté pour l'IS, gérants majoritaires des EARL pluripersonnelles non familiales et les associés des EARL de familles qui ont opté pour l'IS, associés de certaines sociétés civiles ayant opté pour l'IS.

2. Les modalités d'imposition

Depuis le 1er janvier 2013, le dirigeant soumis à l'article 62 du CGI ne peut plus déduire forfaitairement de sa rémunération (à hauteur de 10 %) ses frais professionnels pour déterminer l'assiette de calcul de ses charges sociales. Cependant, la déduction de ses frais réels reste possible.

III. LES REVENUS DU PATRIMOINE

A. Les revenus de capitaux mobiliers

1. La nature des revenus

Relèvent de cette catégorie les revenus des placements à revenu fixe (intérêts) et les revenus des placements à revenu variable. En revanche, les revenus des contrats d'assurance vie ne sont pas intégrés à cette catégorie mais dans celle des plus-values mobilières en cas de rachat.

2. Les modalités d'imposition

Exception faite des exonérations d'impôt, ces revenus sont désormais imposables selon le prélèvement forfaitaire unique au taux de 12,8 %, taux majoré des prélèvements sociaux au taux de 17,2 %.

B. Les revenus fonciers

1. Nature des revenus

Les revenus tirés de la location nue des propriétés bâties et non bâties relèvent de cette catégorie, y compris au titre des revenus accessoires (publicité, chasse...). Toutefois, les dépôts de garantie et cautions ne sont pas constitutifs de revenus dans la mesure où ils sont restitués en fin de bail.

2. Les modalités d'imposition

Dans le cadre d'un régime micro, les revenus déclarés bénéficient d'un abattement forfaitaire de 30 %, sous réserve de recettes annuelles inférieures à 15 000 €. Il est néanmoins possible d'opter pour un régime réel permettant de déduire toutes les charges liées à l'exploitation du bien à l'exclusion de son amortissement. Il existe en outre de nombreux régimes spécifiques qui instituent des réductions d'impôt.

50 LES PLUS-VALUES IMPOSABLES

I. LES PLUS-VALUES MOBILIÈRES

A. Le traitement des plus-values

1. Les plus-values mobilières

Sont imposables à l'IR dans la catégorie des plus-values mobilières les gains nets réalisés par les particuliers lors de la cession à titre onéreux de valeurs mobilières et de droits sociaux, et certaines opérations particulières.

2. Les plus-values en report d'imposition

Les profits réalisés dans le cadre de placements en report d'imposition ou en sursis d'imposition, par les contribuables effectuant de tels placements, ne sont pas imposables immédiatement. Tel est le cas des opérations d'apport des droits sociaux à une entité soumise à l'IS, ou bien encore des échanges de valeurs mobilières cotées en Bourse. D'autres opérations bénéficient d'une exonération sous réserve de respecter certaines conditions (club d'investissement, PEA).

3. La *flat tax* de 30 %

La plus-value de cession est susceptible d'être imposée selon le principe de la *flat tax* au taux de 30 %, ou bien selon le barème de l'IR en fonction éventuellement de l'abattement proportionnel pour une durée de détention supérieure à deux ou huit ans (pour des titres acquis avant le 1er janvier 2018). Pour les dirigeants de PME faisant valoir leur droit à la retraite, un abattement fixe de 500 000 € est applicable sous certaines conditions.

B. Le traitement des moins-values

1. Les moins-values mobilières

Les moins-values subies au cours d'une année sont imputées exclusivement sur les plus-values de même nature imposables au cours de la même année. Le cas échéant, le reliquat de moins-values non imputé est reporté et imputé dans les mêmes conditions au titre des dix années suivantes. Les pertes constatées en cas d'annulation de valeurs mobilières, de droits sociaux ou de titres assimilés sont, sous certaines conditions, imputables sur les plus-values de même nature réalisées au cours de la même année et, le cas échéant, des dix années suivantes.

2. Le report des moins-values mobilières

La moins-value subie au titre de l'année en cours ou d'une année antérieure (dans les limites du délai de dix ans) peut être imputée sur une plus-value dont l'imposition est établie à l'expiration d'un report d'imposition. Cette imputation est possible quelle que soit la date de la réalisation de l'opération à l'origine du report d'imposition. Inversement, à l'expiration du report d'imposition, il est également possible d'imputer une moins-value en report d'imposition sur une plus-value réalisée au titre de l'année en cours.

II. LES PLUS-VALUES IMMOBILIÈRES

A. La détermination de la plus-value imposable

1. L'absence de compensation des plus et moins-values

La moins-value brute réalisée sur les biens ou droits n'est en principe pas prise en compte. Seule la plus-value est soumise à l'impôt, c'est-à-dire la différence entre le prix de cession diminué des frais accessoires et le prix de revient ou d'acquisition augmenté des frais accessoires. Le prix d'acquisition du bien est majoré des frais d'acquisition calculés au forfait de 7,5 % ou au réel. En outre, les travaux qui n'ont pas été déduits du revenu sont pris en compte au réel ou selon un forfait de 15 % du prix d'acquisition si le bien est détenu depuis au moins cinq ans.

2. La taxation proportionnelle de la plus-value immobilière

Le calcul de la plus-value se fait après une prise en compte de la durée de détention. Toutefois, l'abattement est différencié selon la nature des prélèvements obligatoires. À l'IR, l'abattement est de 6 % par année de détention au-delà de la cinquième année tandis qu'en matière de prélèvements sociaux, l'abattement est calculé à partir de 1,65 % par année écoulée à compter de la sixième année. En somme, l'exonération est acquise au bout de 22 ans à l'IR et de 30 ans en matière de prélèvements sociaux. Le taux applicable à la plus-value est de 19 % à l'IR et de 17,2 % pour les prélèvements sociaux. Il faut parfois majorer ces montants d'autres prélèvements dus au niveau national (plus-value supérieure à 50 000 €) ou local (plus-value générée à la suite d'un changement de destination).

B. Les exonérations principales

1. Le cas de la résidence principale

La principale exonération, y compris de prélèvements sociaux, source de nombreux débats, est la résidence principale et ses dépendances immédiates, quelle que soit la durée de détention du bien. Toutefois, la durée d'occupation effective est prise en compte pour déterminer le caractère principal de la résidence. En outre, la loi ne prévoit pas de délai pour vendre le bien alors même que celui-ci n'est plus occupé. Cependant, la doctrine administrative estime qu'un délai raisonnable compte tenu du marché local est d'environ 12 mois.

2. Le cas de l'expropriation publique

Une exonération totale en cas d'expropriation publique lorsque le cédant a fait valoir son droit de délaissement (le droit de délaissement permet au propriétaire de mettre en demeure, en vue de l'acquisition de son bien, la collectivité publique ou le service public compétent). Cette exonération est subordonnée au remploi par le cédant de l'intégralité de l'indemnité d'expropriation ou du prix de cession par l'acquisition, la construction, la reconstruction ou l'agrandissement d'un ou de plusieurs immeubles dans un délai de douze mois à compter de la date de perception de l'indemnité d'expropriation ou du prix de cession.

3. Le cas d'une construction de logements sociaux

Indépendamment du montant de la cession (exonération si le prix est inférieur ou égal à 15 000 €), il existe des exonérations liées à la construction de logements sociaux. Le cessionnaire s'engage, par une mention portée dans l'acte authentique d'acquisition, à construire des logements sociaux dans un délai de quatre ans à compter de la date d'acquisition ou bien encore à l'exonération d'un droit de surélévation.

LES PRINCIPALES NICHES FISCALES 51

I. LA MULTIPLICATION DES RÉDUCTIONS ET DES CRÉDITS D'IMPÔT

A. Les réductions d'impôt

Elles s'imputent uniquement sur le revenu soumis au barème progressif de l'IR et non pas sur des revenus soumis à un taux proportionnel (plus-value immobilière ou prélèvement social par exemple). En l'absence d'IR dû, les réductions d'impôt ne sont pas restituables.

B. Les crédits d'impôt

Sauf exception, les crédits d'impôt peuvent faire l'objet d'une restitution aux contribuables dont l'IR est nul ou insuffisant. Le législateur a tendance à favoriser les réductions d'impôt au détriment des crédits d'impôt.

II. LE PLAFONNEMENT DES NICHES FISCALES

A. Le principe du plafonnement global

L'avantage en impôt procuré à un foyer fiscal, au titre d'une même année par certains avantages fiscaux, est limité depuis 2013 à 10 000 €, et pour certains investissements à 18 000 € (investissement PME/DOM)

B. L'exclusion de certains avantages fiscaux

Les avantages fiscaux liés à la situation personnelle du contribuable ou à la poursuite d'un objectif d'intérêt général sans contrepartie (dons aux associations, mécénat...) ne sont pas intégrés dans le calcul du plafonnement global.

52 LE CALCUL DE L'IMPÔT SUR LE REVENU

I. LES CHARGES DU REVENU GLOBAL IMPOSABLE

A. La cotisation sociale généralisée déductible

1. La déduction partielle de la CSG

La CSG n'est que partiellement déductible. La CSG au taux de 9,2 % assise sur certains revenus du patrimoine est partiellement admise en déduction du revenu imposable de l'année de son paiement, à hauteur de 6,8 points.

2. Les revenus sont soumis à un impôt progressif

La CSG n'est déductible que si les revenus correspondants sont soumis au barème progressif de l'IR et non pas à la *flat tax*. En outre, la CSG n'est pas déductible pour les revenus exonérés d'IR.

B. Les pensions alimentaires

1. Les liens de parenté

La déductibilité d'une pension alimentaire suppose en premier lieu que les intéressés soient unis par un lien familial (ascendants/descendants). En second lieu, les pensions ne sont accordées que dans la proportion du besoin de celui qui les réclame et de la fortune de celui qui les doit.

2. L'obligation alimentaire ou d'éducation

L'obligation alimentaire peut être exécutée en argent ou en nature. Dans ce dernier cas, l'obligation de fournir les aliments comprend non seulement la nourriture et le logement, mais aussi tout ce qui est nécessaire à la vie. Elle est plafonnée annuellement par la loi de finances pour les descendants. Elle doit être justifiée, sauf à utiliser le forfait au titre de l'enfant vivant sous le toit du contribuable.

C. L'imputation des déficits

1. Le déficit agricole

Les déficits provenant d'exploitations agricoles ne peuvent pas donner lieu à imputation sur le revenu global, lorsque le total des revenus nets d'autres sources dont dispose le contribuable excède la limite légale prévue par cette même disposition (111 752 € en 2020).

2. La tunnélisation des déficits non professionnels

N'est pas autorisée l'imputation sur les autres revenus des déficits provenant des activités relevant de la catégorie des BIC, des BNC lorsque ces dernières ne sont pas exercées à titre professionnel. En d'autres termes, une activité professionnelle suppose une participation personnelle, directe et continue de l'un des membres du foyer fiscal à l'accomplissement des actes nécessaires à l'activité.

3. Le déficit foncier

Le déficit foncier résultant de dépenses déductibles, autres que les intérêts d'emprunt, peut s'imputer sur le revenu global de la même année dans la limite annuelle de 10 700 €. La fraction de déficit qui excède cette limite de 10 700 € ou qui résulte d'intérêts d'emprunt s'impute exclusivement sur les revenus fonciers des dix années suivantes. Toutefois, il n'y a pas de limite pour les charges foncières afférentes aux immeubles classés monuments historiques ou assimilés et productifs de revenus.

II. LES PERSONNES À CHARGE DU FOYER FISCAL

A. Les enfants mineurs

1. L'établissement de la filiation

Peuvent être considérés comme à charge les enfants de moins de 18 ans du contribuable ou ceux de chacun des conjoints, qu'ils soient légitimes, adoptifs ou naturels lorsque leur filiation est légalement établie à l'égard de leur auteur.

2. La situation de parents séparés ou divorcés

En cas d'imposition distincte des époux, l'enfant est considéré, jusqu'à preuve du contraire, comme étant à la charge du parent chez lequel il réside à titre principal. Il est rappelé qu'un enfant ne peut être à la charge que d'un des parents ayant opté pour l'imposition distincte au titre de l'année du mariage ou du Pacs.

3. La situation des enfants recueillis

En outre, les enfants âgés de moins de 18 ans, recueillis par le contribuable à son propre foyer, sont considérés comme étant à sa charge dans les mêmes conditions que ses propres enfants. Cette disposition est applicable sans qu'un lien de parenté ou d'alliance soit nécessaire entre le contribuable et l'enfant recueilli.

B. Les enfants majeurs

1. Les enfants rattachés

Les enfants célibataires âgés de plus de 18 ans au 1er janvier de l'année d'imposition sont, en principe, imposables sous leur propre responsabilité. Toutefois, il est possible de les rattacher au foyer fiscal de leur parent s'ils ont moins de 21 ans ou moins de 25 ans s'ils justifient de la poursuite de leurs études.

2. Le non-cumul avec la pension alimentaire

Il est précisé que la déduction de la pension alimentaire, y compris forfaitaire, ne peut se cumuler avec le rattachement. Cette règle du non-cumul s'apprécie par année et par enfant.

C. Les personnes majeures

1. Les titulaires d'une invalidité supérieure ou égale à 50 %

Les personnes qui sont titulaires de la carte d'invalidité sont susceptibles d'être comptées à charge. Aucune condition de ressources ou de lien de parenté n'est exigée.

2. La majoration du quotient familial

La prise en compte, au titre du quotient familial, des personnes titulaires de la carte d'invalidité, est subordonnée à une seule condition : l'habitation en commun.

III. LA DÉTERMINATION DU QUOTIENT FAMILIAL

A. Le cas général

1. Les parts du quotient familial

Le système du quotient familial consiste à diviser le revenu net global imposable par un nombre de parts fixé en fonction de la situation et des charges de famille. Les contribuables célibataires, divorcés ou veufs n'ayant pas de personnes à charge sont imposés sur la base d'une part de quotient familial. Les contribuables mariés ou liés par un Pacs bénéficient de deux parts.

2. Le nombre de parts du foyer fiscal

La progressivité de l'impôt est d'autant plus atténuée que le revenu net global imposable est divisé en un plus grand nombre de parts. Chaque enfant compte pour demi-part mais une part entière à compter du troisième enfant. Si la garde est partagée entre les parents, la part (ou la demi-part) est divisée par deux.

B. Les majorations du quotient familial

1. Les personnes vivant seules

En principe, une part de quotient familial est attribuée pour le calcul de l'IR des contribuables célibataires, divorcés ou veufs, sans enfant à charge. Toutefois, les contribuables célibataires, divorcés ou veufs n'ayant pas d'enfant à charge, exclusive, principale ou réputée également partagée entre les parents, bénéficient d'une demi-part supplémentaire, s'ils vivent seuls et justifient avoir supporté à titre exclusif ou principal la charge d'au moins un enfant, pendant au moins cinq années au cours desquelles ils vivaient seuls. Cela étant, les demi-parts de quotient familial font l'objet d'un plafonnement en montant par la loi de finances annuelle.

2. Les personnes vivant seules et ayant la charge d'un enfant

Les contribuables célibataires, divorcés ou séparés, qui vivent seuls et supportent effectivement la charge d'un ou plusieurs enfants, nonobstant la perception d'une pension alimentaire versée pour leur entretien en vertu d'une décision de justice, bénéficient d'une demi-part supplémentaire de quotient familial.

3. Les personnes invalides

Les personnes invalides sont assimilées à des enfants à charge pour le calcul du nombre de parts de quotient familial du contribuable. Ces personnes ouvrent droit à une part supplémentaire de quotient familial, soit une demi-part en tant que personne à charge et une demi-part en tant qu'invalide.

IV. L'IMPOSITION SELON UN BARÈME PROGRESSIF

A. La liquidation de l'impôt brut

1. La détermination de l'impôt par part de quotient familial

Le revenu net global imposable déterminé sous déduction, le cas échéant, des abattements prévus en faveur des contribuables âgés de plus de 65 ans ou invalides ainsi que des enfants mariés rattachés est divisé par le nombre de parts déterminé en fonction de la situation et des charges de famille du contribuable.

2. La détermination de l'impôt par tranches

Le barème de l'IR est constitué de cinq taux de 0 % à 45 %. À chaque taux est associée une tranche de revenus dont les limites peuvent être revalorisées d'une année sur l'autre. Dans un souci de justice fiscale, la loi a limité l'avantage que présente le quotient familial en plafonnant, dans certains cas, l'avantage fiscal qui résulte de son application. En pratique, la limitation ne joue qu'à partir d'un certain niveau de revenu.

B. Les correctifs de l'impôt brut

1. La décote

La décote est un mécanisme de réduction de l'impôt brut établi dans un souci de justice fiscale. Pour l'imposition des revenus 2019, la décote s'obtient en retranchant 75 % du montant de l'impôt brut à la somme forfaitaire de 1 208 € pour un célibataire, ou de 1990 € pour un couple soumis à une imposition commune. Pour l'imposition des revenus 2020, le montant de la décote s'obtient en retranchant 45,25 % du montant de l'impôt brut à la somme forfaitaire de 777 € pour une imposition individuelle, ou de 1 286 € pour une imposition commune.

2. Les prélèvements sociaux

À l'IR, s'ajoutent les prélèvements sociaux qui sont soit précomptés par un tiers (employeur, caisse de retraite, notaire), soit déclarés par le contribuable (revenus et plus-values du patrimoine). L'assiette de ces prélèvements est plus large que celle de l'IR (moins d'exonérations). Son taux global est de 17,2 %. Leur rendement budgétaire représente plus du double de celui de l'IR.

TITRE III

L'IMPOSITION DU PATRIMOINE

L'ÉVOLUTION HISTORIQUE DES DROITS D'ENREGISTREMENT

53

I. LES DROITS INDIRECTS AU XIXe SIÈCLE

A. L'administration de l'enregistrement

1. La taxe d'enregistrement

Créé par une loi du 19 décembre 1790, l'enregistrement succède au contrôle des actes. La mission de cette administration fiscale consiste à percevoir un impôt appelé droit d'enregistrement sur les mutations et transmissions de propriétés et sur les actes. Cette taxe est l'héritière du droit de relief médiéval, tout en étant précisé que les lettres patentes de l'Ancien Régime n'étaient exécutoires qu'après leur enregistrement par une cour souveraine.

2. La nouvelle administration de l'enregistrement

Le premier consul crée en 1801 une administration de l'enregistrement et des domaines, héritière de la régie de l'enregistrement, amenée à se recentrer sur l'imposition des faits juridiques, les droits de timbre et la gestion de la publicité foncière.

B. L'âge d'or des droits d'enregistrement

1. L'accroissement des droits indirects

La Révolution eut raison des droits seigneuriaux qui furent définitivement abolis, sans indemnité, par le décret du 17 juillet 1793. La Ferme générale disparaît avec la suppression, entre 1790 et 1791, de la plupart des impôts indirects liés à la consommation. Mais cette rupture n'est que temporaire. Les contributions jugées les plus injustes par la Révolution sont réhabilitées dès le Premier Empire et le poids de l'impôt direct ne cesse de diminuer dès lors qu'il peut être compensé par un accroissement des charges prélevées sur la consommation

2. Le renouveau de l'octroi

Le 29 mars 1797, une législation nouvelle permit aux villes, en cas d'insuffisance de revenus, de pourvoir à leurs dépenses par des contributions indirectes et locales (l'octroi). Les contributions indirectes demeurent l'élément central des finances publiques, si bien qu'en 1830, elles constituent la moitié des recettes budgétaires.

II. LES DROITS INDIRECTS AU XXe SIÈCLE

A. La modernisation de l'administration de l'enregistrement

1. La généralisation de l'enregistrement des mutations

À l'issue de la Première Guerre mondiale, l'enregistrement des actes sous seing privé devint obligatoire dès lors que ceux-ci contenaient une convention synallagmatique emportant mutation. Dans un souci de rationalisation de la pratique administrative, deux décrets du 28 décembre 1926 vinrent codifier l'ensemble des textes relatifs à l'enregistrement.

2. La création de la Direction générale des impôts

Il faut attendre la fin de la Seconde Guerre mondiale pour une réforme d'ampleur des institutions financières. Deux décrets des 31 mars et 16 avril 1948 ont réalisé une fusion des régies financières en supprimant les directions générales de l'enregistrement, des contributions directes, des contributions indirectes et des douanes et en instituant à leur place une Direction générale des impôts et une Direction générale des douanes et droits indirects.

B. Le recul des droits d'enregistrement

1. Le barème progressif en matière de droits de succession

Bien avant l'instauration de l'IR en 1917, la progressivité de l'impôt est mise en place pour les droits de succession en 1901. Certes, les taux des droits de succession sont modestes mais les tarifs sont désormais fonction des degrés de parenté et du montant déclaré de la succession. Les droits de succession représentent 7 à 8 % des recettes budgétaires durant les années 1920, contre 3,2 % aujourd'hui.

2. La prééminence de la TVA en matière immobilière

Le recul des droits d'enregistrement est encore accentué. En 1963, la TVA vint prendre une partie de la place occupée par les droits d'enregistrement dans le domaine de l'immobilier. En outre, depuis la loi du 26 décembre

1969, la mission fiscale de la publicité foncière a été renforcée par la consécration de ce qu'il est coutume d'appeler la « formalité fusionnée ». Cette simplification permet de traiter ensemble les formalités d'enregistrement et de publicité pour les actes soumis à cette double exigence. La fonction cardinale de la publicité foncière est d'assurer l'opposabilité des droits en matière immobilière à l'égard des tiers et celle de la formalité fusionnée de sécuriser une recette fiscale. Il n'en demeure pas moins que les droits d'enregistrement demeurent médiocres (8,5 % des ressources fiscales brutes dans la loi de finances pour 2020).

54 LES DROITS DE MUTATION À TITRE ONÉREUX

I. LA CESSION DES BIENS MEUBLES

A. Les cessions de fonds de commerce

1. Les actes de mutation

Les conventions taxables sont constituées essentiellement par les ventes (ventes amiables et adjudications) de fonds de commerce et de clientèles situées en France. Mais elles englobent également, d'une manière générale, tous les actes qui, même sans revêtir la forme d'une vente, n'en emportent pas moins mutation à titre onéreux (dation en paiement, transaction, partage avec soulte à l'exception des partages de successions, de communautés conjugales ou d'indivisions).

2. Le droit de mutation

Le droit de mutation est exigible sur le prix de vente du fonds de commerce augmenté, le cas échéant, des charges imposées à l'acquéreur ou, si elle est supérieure, de la valeur vénale. Le tarif applicable varie en fonction du prix de cession avec une exonération jusqu'à 23 000 € (2,60 % si le prix est supérieur à 200 000 €).

B. Les cessions de droits sociaux

1. La territorialité des droits de mutation

Le droit porte sur la mutation à titre onéreux des actions et des parts sociales. Conformément aux principes généraux relatifs à la territorialité des droits d'enregistrement, seules sont visées les parts émises par les sociétés françaises, c'est-à-dire par les sociétés dont le siège social est situé en France, les cessions de parts sociales émises par des sociétés étrangères n'étant assujetties à la formalité de l'enregistrement et au droit de cession de droits sociaux que lorsqu'elles font l'objet d'un acte passé en France.

2. La diversité des taux applicables

Après de multiples réformes, le législateur n'est pas parvenu à uniformiser le tarif des droits sociaux. Les actions sont assujetties à un droit d'enregistrement proportionnel de 0,1 %. En revanche, sont assujetties à un droit d'enregistrement de 3 % les cessions de parts sociales dans les sociétés dont le capital n'est pas divisé en actions, autres que les cessions de participations dans des personnes morales à prépondérance immobilière. Pour ces dernières, le droit d'enregistrement est de 5 %. De manière dérogatoire, les cessions de gré à gré de parts de Gaec, d'EARL non passibles de l'IS, sont enregistrées au droit fixe de 125 €.

II. LA CESSION DES BIENS IMMEUBLES

A. Les immeubles et droits immobiliers

1. La formalité fusionnée

Les actes constatant des mutations à titre onéreux d'immeubles ou de droits immobiliers (démembrement de propriété...) donnent lieu en principe à la formalité fusionnée lors de la publication au service de la publicité foncière. Sous réserve de divers régimes d'exonération, ils sont soumis à une taxe de publicité foncière ou à un droit d'enregistrement (dans les cas exceptionnels où ils sont exclus de la formalité unique). Cette taxe ou ce droit est perçu au profit du département.

2. Le prix du bien ou la valeur vénale du bien immobilier

Le prix d'une vente est constitué par tout ce que le vendeur reçoit de l'acquéreur en échange du bien vendu. La loi fiscale n'a prévu l'application d'un tarif particulier que pour les échanges d'immeubles contre d'autres immeubles. L'impôt de mutation est perçu en fonction du prix exprimé, des éléments imposables autres que le prix, des déductions à opérer sur le prix ou des abattements sur la base. Toutefois, l'administration peut substituer la valeur vénale de l'immeuble en cas d'insuffisance du prix.

B. Le tarif applicable

1. Le partage des droits d'enregistrement

Au droit d'enregistrement ou à la taxe de publicité foncière perçu au profit du département vient s'ajouter la taxe additionnelle perçue au profit de la commune. Pour les immeubles qui ne sont pas assujettis à la TVA immobilière (biens de plus de cinq ans), le tarif départemental est au maximum de 4,5 %, tandis que la taxe communale est de 1,2 %. Il faut néanmoins ajouter des frais d'assiette et de recouvrement au taux de 1,07 % (soit un global hors émoluments du notaire de 5,807 %).

2. Les taux réduits de droits d'enregistrement

Il existe néanmoins de nombreux taux réduits en matière de droits d'enregistrement relatifs à des immeubles. En premier lieu, pour la livraison d'immeubles neufs (moins de cinq ans), seule la taxe de publicité foncière ou au droit d'enregistrement au taux réduit de 0,715 % est due. En second lieu, l'exonération des droits d'enregistrement est totale pour ceux qui prennent un engagement de construire dans un délai de quatre ans. L'exonération est partielle (TPF due) pour les opérations portant sur des immeubles ou des droits immobiliers, qu'il s'agisse de terrains (à bâtir ou non) ou de constructions achevées depuis plus de cinq ans dès lors que l'acquéreur prend l'engagement de revendre le bien dans un délai de quatre ans.

LES DROITS DE MUTATION À TITRE GRATUIT

55

I. LES DROITS DE SUCCESSION

A. Fait générateur et assiette

1. Le décès d'une personne

Le fait générateur des droits de mutation par décès est le décès ou l'absence. L'absence est la situation de ceux qui, éloignés de leur résidence habituelle, ont cessé de donner de leurs nouvelles depuis un temps plus ou moins prolongé et dont l'existence est incertaine (10 ans).

2. L'évaluation des biens lors du décès

En principe, les biens transmis sont évalués à leur valeur vénale au jour du fait générateur de l'impôt quand bien même la déclaration est produite dans le délai légal de 6 ou 12 mois. Leur évaluation dépend de la nature des biens. Pour les meubles meublants, le législateur a prévu une méthode prioritaire en fonction du prix de vente publique dans les deux ans de la succession, une estimation par un commissaire-priseur ou bien un forfait de 5 % de l'actif brut. Les meubles meublants comprennent les meubles destinés à l'usage et à l'ornement des appartements comme les tapisseries, lits, sièges, glaces, pendules, tables, porcelaines et autres objets de cette nature. Pour les valeurs mobilières françaises et étrangères de toute nature, admises aux négociations sur un marché réglementé, le capital imposable est déterminé par la moyenne des trente derniers cours qui précèdent la transmission. Enfin, pour les immeubles, c'est leur valeur vénale au jour du décès qui est retenue.

3. La liquidation des droits

Pour la liquidation et le paiement des droits de mutation par décès, les dettes à la charge du défunt sont déduites de l'actif héréditaire, lorsque leur existence au jour de l'ouverture de la succession est dûment justifiée, par tous modes de preuve compatibles avec la procédure écrite.

B. Les exonérations

1. Les exonérations liées aux personnes

Les exonérations sont liées à la personne. En premier lieu, si l'actif brut successoral est inférieur à 50 000 €, l'héritier n'a pas à déposer de déclaration de succession. En second lieu, l'exonération est totale pour les conjoints, partenaires unis par un Pacs et les frères et sœurs ayant vécu avec le défunt durant les cinq années ayant précédé son décès et sous réserve d'avoir au moins 50 ans. En troisième lieu, l'exonération a été étendue aux victimes de guerre ou d'actes de terrorisme et aux militaires décédés dans le cadre d'opérations extérieures.

2. Les exonérations liées aux biens

Les exonérations sont également relatives aux biens. En premier lieu, l'exonération partielle de 75 % est acquise pour les biens forestiers (quelle que soit leur valeur) et agricoles (pour une valeur inférieure à 101 897 € et 50 % au-delà). En second lieu, pour favoriser la continuité d'exploitations professionnelles, l'exonération de 75 % est acquise sous réserve d'un pacte « Dutreil » pour la transmission d'entreprises. En troisième et dernier lieu, les mutations de biens immobiliers acquis entre le 1er juin 1993 et le 31 décembre 1996, pour juguler la crise immobilière, bénéficient d'exonérations partielles. En dehors de ces cas, et sous réserve de conditions d'engagement avec le ministère de la Culture, les monuments historiques « ouverts au public » sont totalement exonérés de droits de succession.

II. LES DROITS DE DONATION

A. Une anticipation irrévocable de patrimoine

1. Les donations simples ou partage

Pour fluidifier les transmissions intragénérationnelles, le législateur a prévu d'appliquer aux donations *mutatis mutandis* les règles successorales assorties d'avantages fiscaux. La donation entre vifs est un acte par lequel le donateur se dépouille actuellement et irrévocablement de la chose donnée en faveur du donataire qui l'accepte. Cette donation peut être effectuée en pleine propriété ou en démembrement de propriété. Cela étant, les donations antérieures de moins de 15 ans sont rapportables fiscalement.

2. Les abattements reconstitués

Les abattements applicables à la liquidation de l'actif net sont les mêmes qu'en matière successorale. Ainsi, l'abattement de 100 000 € par parent et par enfant est applicable aux donations comme aux successions. Une personne handicapée a droit à un abattement spécifique de 159 325 € qui se cumule avec les autres. Il subsiste néanmoins certaines spécificités.

Le conjoint ou partenaire uni par un Pacs bénéficie d'un abattement de 80 724 €. Pour faciliter les transmissions au profit des petits-enfants et des arrière-petits-enfants, le montant de l'abattement est respectivement porté à 31 865 € et 5 310 € au lieu de 1 594 € dans les successions. Ces abattements sont renouvelables tous les 15 ans. Il est également possible de consentir un don familial de sommes d'argent, exonéré de droits de donation, dans la limite de 31 865 € tous les 15 ans, à condition que le donateur soit âgé de moins de 80 ans et que le donataire soit majeur ou émancipé.

B. Les donations atypiques

1. Les donations-partages transgénérationnelles

Pour encourager des formes de donations, le législateur a prévu certains tempéraments à la liquidation des droits. Ainsi, en cas de donation-partage faite en faveur de petits-enfants dont les parents ont consenti qu'ils soient allotis totalement en leurs lieu et place, les droits sont dus uniquement en fonction du lien de parenté existant entre le grand-parent et les descendants gratifiés. En conséquence, dans cette hypothèse, les petits-enfants bénéficient uniquement de leur propre abattement qui n'est pas cumulable avec celui prévu en faveur des enfants.

2. Les donations-partages graduelles et résiduelles

Les libéralités ont été aménagées pour accompagner des personnes en difficulté. Dans le cas d'une donation graduelle, le donateur donne un bien en pleine propriété à un premier bénéficiaire en lui imposant de le conserver jusqu'à la fin de sa vie et de le transmettre lors de son décès à un second bénéficiaire désigné. Il ne peut ni le donner, ni le vendre de son vivant, ni le transmettre. Dans le cas d'une donation résiduelle, la transmission s'opère également en deux temps, mais le premier bénéficiaire n'est tenu de transmettre au second bénéficiaire désigné que ce qui subsiste d'un don. Sur le plan fiscal, au lieu de considérer le lien qui unit le donateur au premier bénéficiaire, puis celui qui unit ce dernier au second bénéficiaire, seul le lien entre le donateur et chacun des bénéficiaires compte. De plus, les droits acquittés lors de la première mutation sont imputés sur la deuxième opération.

56 L'ÉVOLUTION HISTORIQUE DE L'IMPÔT SUR LA FORTUNE

I. LA CRÉATION DE L'IMPÔT SUR LA FORTUNE (1982-1987)

A. La création de l'IGF

1. La lente maturation de l'impôt sur la fortune

Proposé au départ aussi bien pour mieux redistribuer les fortunes que pour mieux les connaître et les mesurer, l'impôt sur la fortune était source de nombreux débats dans la seconde moitié des années 1970 : inscrit dans le programme commun de la gauche en 1972, il faisait consensus à l'Assemblée nationale.

2. Les justifications théoriques de l'impôt sur la fortune

En premier lieu, il était justifié d'imposer la fortune en raison d'une faculté contributive supplémentaire des protagonistes. En deuxième lieu, l'impôt sur les grandes fortunes (IGF) était un moyen de réduire des inégalités de patrimoine jugées excessives. Enfin, l'existence d'un impôt annuel sur les grandes fortunes devait compenser l'insuffisante taxation du capital.

B. La disparition de l'IGF

1. Le rejet de l'impôt sur la fortune

Les controverses politiques tenaient pour l'essentiel à l'effet d'évitement de l'impôt. Un taux d'imposition excessif du capital était susceptible l'expatriation d'une partie des redevables de l'IGF. Les pertes en base imposable liées aux expatriés fiscaux étaient alors stigmatisées lors des débats parlementaires. En outre, de nombreux pays européens ont supprimé ou transformé leur impôt sur la fortune justifiant ainsi sa suppression.

2. L'assiette mitée de l'impôt sur la fortune

Les controverses techniques étaient liées à une assiette « poreuse » et donc à un manque d'équité fiscale. Il s'agissait alors de taxer les personnes physiques habitant en France ou ayant des biens en France, et dont la valeur des biens dépassait 3 millions de francs. Étaient alors exonérés de l'IGF les biens professionnels (outils de travail, actions des sociétés pour lesquelles le propriétaire exerce des fonctions professionnelles, etc.) dont la valeur était inférieure à 2 millions de francs ainsi que les objets d'antiquité, d'art ou de collection.

II. L'IMPÔT DE SOLIDARITÉ SUR LA FORTUNE (1989-2017)

A. Le couplage fortune/solidarité

1. Le renouveau de l'impôt sur la fortune

La justification historique de la recréation d'un impôt sur la fortune tient au lien établi entre l'impôt de solidarité sur la fortune (ISF) et le revenu minimum d'insertion. Face à la pauvreté, il importe de faire jouer la solidarité. Pour cela, il faut associer ceux qui disposent de grandes facultés contributives à l'aide aux plus démunis.

2. Les facultés contributives du possédant

Sa justification tient également à la volonté d'assurer une plus grande équité entre les contribuables. L'impôt permet d'appréhender les facultés contributives supplémentaires conférées au détenteur du patrimoine par la possession même de ce dernier. À mesure que le patrimoine augmente, l'épargne de précaution est rendue moins nécessaire, ce qui justifie la taxation des plus-values latentes.

3. L'universalité de l'impôt sur la fortune

Reprenant les dispositions de fond de l'IGF, l'impôt de solidarité impose l'ensemble des valeurs immobilières et mobilières sous déduction d'un passif. Les exonérations totales ou partielles sont aussi nombreuses que celles existant précédemment (exonération totale pour les biens professionnels et œuvres d'art ; exonération partielle pour les bois et forêts, les groupements fonciers agricoles, les titres détenus par les salariés et les mandataires sociaux, les engagements de conservation collective et individuelle des titres de sociétés…). Le seuil d'assujettissement a augmenté au fil des années de 700 000 € à 1 300 000 €, mais le taux maximum est resté fixé à 1,5 %.

B. Les mesures d'allégement de l'imposition

1. Le plafonnement de l'impôt sur la fortune

Le législateur a mis en place en 1988 un mécanisme de plafonnement par rapport aux revenus du contribuable, fixé à 70 % des revenus disponibles. Le plafonnement a été relevé à 85 % par la loi de finances pour 1991.

La cotisation d'ISF est calculée de telle manière que la somme de celle-ci et du montant de l'IR n'excède pas 85 % des revenus.

2. L'instauration du bouclier fiscal

La loi du 30 décembre 2005 de finances pour 2006 a instauré un droit à restitution des impositions directes pour la fraction qui excède 60 % des revenus (puis 50 % à compter de 2008) perçus l'année précédant celle du paiement de ses impositions. Ce plafonnement global est dénommé « bouclier fiscal ». Enfin, la loi de finances rectificative pour 2011 a supprimé le bouclier fiscal à compter de l'année 2013. Cette suppression a été présentée comme résultant de l'allégement de la fiscalité qui pèse sur le patrimoine et de l'instauration, pour les foyers modestes, d'un mécanisme de plafonnement de la taxe foncière en fonction des revenus.

3. Les réductions de l'impôt sur la fortune

L'article 16 de la loi dite TEPA (Travail, emploi et pouvoir d'achat) du 21 août 2007 a instauré une réduction d'ISF en faveur, d'une part, de l'investissement dans les PME et les holdings non cotées et, d'autre part, des dons effectués au profit d'organismes d'intérêt général. La déduction portait sur 75 % des investissements effectués, dans la limite de 45 000 €. Ce dernier dispositif, qui constitue une dépense fiscale de plus d'un milliard d'euros par an, a été largement utilisé comme un outil d'optimisation fiscale.

L'IMPÔT SUR LA FORTUNE IMMOBILIÈRE (À COMPTER DE 2018)

57

I. L'ACTIF DE L'IFI

A. Taxer la rente foncière

1. La notion extensive de biens immobiliers

L'assiette de l'IFI contient les biens immobiliers des particuliers et la détention des parts de Siic des organismes de placement collectif immobilier (OPCI), des sociétés civiles de placement immobilier (SCPI), ainsi que les actions de foncières, même si elles figurent dans la partie multisupport d'une assurance vie. Tous ces placements financiers sont directement liés à l'immobilier.

2. L'évaluation des biens immobiliers

L'évaluation de ces biens reste liée à leur valeur vénale, c'est-à-dire aux caractéristiques propres aux immeubles vendus sur un marché donné. Toutefois, certains biens bénéficient d'une décote légale, comme la résidence principale (30 %), ou d'une décote admise par l'administration pour les biens dont on n'a pas la libre disponibilité pour des raisons d'occupation (10 % à 20 %).

B. Des exonérations limitées

1. Les biens professionnels

Les biens immobiliers considérés comme des biens professionnels sont exonérés d'impôt. L'activité concernée doit correspondre à l'exercice effectif d'une véritable profession (exercice, à titre habituel et constant, d'une activité de nature à procurer à celui qui l'exerce le moyen de satisfaire aux besoins de l'existence). Cette activité doit être exercée par le propriétaire des biens ou droits immobiliers ou son conjoint, ou son partenaire de Pacs, ou son concubin, ou les enfants mineurs sous administration légale. L'activité doit être la profession principale du redevable, c'est-à-dire qu'elle constitue l'essentiel de ses activités économiques.

2. Les exonérations spécifiques

Lorsqu'ils ne peuvent pas bénéficier de l'exonération des biens professionnels, sont exonérés partiellement comme précédemment les bois et forêts, les parts de groupements forestiers ; les sommes déposées sur un compte d'investissement forestier et d'assurance (Cifa) ; les biens ruraux loués par bail à long terme et les parts de groupements fonciers agricoles non exploitants.

II. LE PASSIF DE L'IFI

A. Le caractère exclusif des dettes

1. La limitation des dettes déductibles

Pour être déductibles, les dettes doivent remplir trois conditions générales cumulatives : exister au 1er janvier de l'année d'imposition ; être à la charge personnelle d'un membre du foyer fiscal au sens de l'IFI et effectivement supportées par lui ; être afférentes aux actifs imposables. En d'autres termes, ni l'IR ni la taxe d'habitation ne sont des dettes déductibles car elles ne se rapportent pas directement aux actifs imposables.

2. L'exclusion des dettes liées à un montage artificiel

Certaines dettes sociétaires ne sont plus déductibles de l'actif. Tel est le cas des comptes courants d'associés débiteurs dans la mesure où les créances ne sont plus imposables. Seules sont déductibles les dettes bancaires liées à la détention des biens immobiliers, sous réserve qu'elles n'aient pas été initiées par une volonté d'éluder l'impôt.

B. Le caractère restrictif des dettes

1. Le plafonnement des dettes déductibles

Lorsque la valeur des biens ou droits immobiliers et des parts ou actions taxables excède 5 millions d'euros et que le montant total des dettes admises en déduction au titre d'une même année excède 60 % de cette valeur, le montant des dettes excédant le seuil n'est admis en déduction qu'à hauteur de 50 % de cet excédent. Le patrimoine imposable s'entend de l'assiette brute, c'est-à-dire constituée de la valeur vénale de l'ensemble des biens ou droits immobiliers imposables ainsi que de celle des parts ou actions de sociétés ou d'organismes retenue à hauteur de la fraction de cette valeur représentative de biens ou droits immobiliers imposables et avant déduction des dettes du redevable y afférentes.

2. La déductibilité dégressive des dettes

La loi prévoit que les dettes correspondant à des prêts prévoyant le remboursement de l'intégralité du capital aux termes du contrat contractés pour l'achat d'un actif imposable font l'objet d'une déduction dégressive sur la durée du contrat. De telles dettes sont ainsi déductibles chaque année à hauteur du montant total de l'emprunt diminué d'une somme égale à ce même montant multiplié par le nombre d'années écoulées depuis le versement du prêt et divisé par le nombre d'années total de l'emprunt. En d'autres termes, les contrats *in fine* sont annualisés, y compris ceux antérieurs au 1er janvier 2018.

3. L'exclusion des dettes familiales

Enfin, à moins de justifier du caractère normal des prêts, ceux contractés entre les membres d'un même foyer fiscal ou par le redevable auprès de son cercle familial ou d'une société ou d'un organisme qu'il contrôle seul ou conjointement avec son foyer fiscal ou son cercle familial ne sont pas admis en déduction.

III. LA LIQUIDATION DE L'IFI

A. Le calcul de l'impôt

1. La non-revalorisation du tarif de l'impôt

Comme précédemment, le seuil d'assujettissement à l'IFI pour les personnes physiques dont la valeur nette des actifs immobiliers imposables au 1er janvier de l'année d'imposition est supérieure à 1,3 million d'euros. Le tarif est fixé de 0 à 1,5 % pour les patrimoines supérieurs à 10 millions d'euros.

2. Les réductions limitées de l'impôt sur la fortune

Les redevables peuvent imputer sur l'IFI 75 % du montant des dons effectués au profit de certains organismes, dans la limite de 50 000 €. La liste des organismes bénéficiaires est limitative (fondations reconnues d'utilité publique, établissements de recherche ou d'enseignement supérieur...).

B. Le plafonnement de l'IFI

1. Le calcul théorique du plafonnement

L'IFI du redevable ayant son domicile fiscal en France est réduit de la différence entre, d'une part, le total de cet impôt et des impôts dus en France et à l'étranger au titre des revenus et produits de l'année précédente et, d'autre part, 75 % du total des revenus mondiaux nets de frais professionnels de l'année précédente.

2. L'activation artificielle du plafonnement

Dans le cadre d'une clause anti-abus, les revenus distribués à une société passible de l'IS contrôlée par le redevable sont réintégrés dans le calcul du plafonnement de l'IFI si l'existence de cette société et le choix d'y recourir ont pour objet principal d'éluder tout ou partie de l'IFI en bénéficiant d'un avantage fiscal allant à l'encontre de l'objet ou de la finalité du mécanisme du plafonnement.

58 LA MULTIPLICATION DES TAXES ANALYTIQUES

I. LES TAXES D'URBANISME

A. La taxe d'aménagement

1. La diversité des taux applicables

Le fait générateur de la taxe d'aménagement (TA) est la délivrance de l'autorisation d'urbanisme, et son redevable est le bénéficiaire de l'autorisation. Des taux différents peuvent être sectorisés par application de taux « normaux » (entre 1 % et 5 %) ou de taux « majorés » jusqu'à 20 % lorsque des équipements substantiels le justifient.

2. Les participations à la charge des constructeurs

Pour calculer le montant de la taxe d'aménagement, il faut multiplier la surface taxable par la valeur déterminée par mètre carré de surface, puis multiplier ce résultat par le taux voté par la collectivité territoriale. Les valeurs annuelles par mètre carré de surface sont définies par arrêté. En 2020, les montants fixés sont de 759 € par mètre carré en province, hors Île-de-France et 860 € par mètre carré en Île-de-France

B. Les taxes poursuivent des objectifs de mise en valeur des territoires

1. La prise en compte de l'objectif environnemental

Tel est le cas du versement pour sous-densité qui vise, dans la veine du Grenelle de l'environnement, à lutter contre l'étalement urbain. Il s'agit d'une taxe facultative qui ne peut être mise en place que dans les communes dotées d'un plan d'occupation des sols ou d'un plan local d'urbanisme. Ce versement est égal au produit de la moitié de la valeur du terrain par le rapport entre la surface manquante pour que la construction atteigne le seuil minimal de densité et la surface de la construction résultant de l'application du seuil minimal de densité. Le versement pour sous-densité ne peut en tout état de cause être supérieur à 25 % de la valeur du terrain.

2. La redevance d'archéologie préventive

La redevance d'archéologie préventive (RAP) est destinée à financer les diagnostics archéologiques pour lutter contre la disparition d'un patrimoine lors des opérations d'urbanisation. Pour les projets soumis à autorisation (permis de construire ou d'aménager) ou déclaration au titre du Code de l'urbanisme, le taux de la redevance correspond à 0,40 % de la valeur forfaitaire de l'ensemble immobilier, actualisée chaque année. Pour les projets soumis à étude d'impact, la RAP est calculée par application d'un taux au mètre carré indexé chaque année sur l'indice du coût de la construction publié chaque trimestre par l'Insee. Le taux est de 0,56 € par mètre carré en 2020. La redevance est étendue aux opérations en milieu aquatique et en mer.

II. LES TAXES LIÉÉS À L'ENVIRONNEMENT

A. Les taxes sur les véhicules

1. Le cas des véhicules polluants

Outre une carte grise qui est fonction d'éléments polluants atmosphériques, toutes les sociétés qui, en France, possèdent ou utilisent des voitures particulières ou à usage multiple sont redevables du paiement de la taxe sur les véhicules des sociétés (TVS). Le montant de la taxe pour chaque véhicule est calculé sur la base de deux composantes : un tarif qui dépend soit du taux d'émission de CO_2, soit de la puissance fiscale (selon la date de mise en circulation du véhicule) et un tarif basé sur les émissions de polluants atmosphériques.

2. Le cas des véhicules non-polluants (bonus-malus)

Le décret du 30 décembre 2019 a modifié les conditions de versement du bonus écologique automobile, notamment pour les véhicules neufs d'une valeur supérieure à 45 000 € (le bonus passe de 6 000 € à 3 000 €). Le bonus écologique concerne les véhicules neufs qui émettent moins de 20 g de CO_2/km. Symétriquement, pour les véhicules de tourisme, une taxe malus est due pour l'achat des véhicules les plus polluants. La taxe due lors de l'immatriculation est graduelle en fonction des émissions de CO_2/km et peut aller jusqu'à 20 000 €.

B. La taxe sur les produits pétroliers

1. Une fiscalité de rendement budgétaire

La fiscalité sur les produits énergétiques comprend notamment la taxe intérieure de consommation sur les produits pétroliers (TICPP), à laquelle il convient d'associer la taxe spéciale de consommation dans les départements d'outre-mer. La taxe sur les produits pétroliers est une ressource importante puisqu'elle procure en moyenne 24 milliards d'euros par an, avec 14 milliards au titre du budget de l'État et environ 10 milliards redistribués aux départements et aux régions.

2. L'émergence d'une taxe carbone

Une taxe carbone a été instituée en 2014. La composante carbone dont le montant est appelé à augmenter jusqu'à 100 €/t de CO_2 en 2030 vise à lutter contre le réchauffement climatique. La composante carbone s'intègre aux taxes sur l'énergie, en fonction de la quantité de gaz à effet de serre émise par un produit. Exprimée en euros par tonne de CO_2, elle est payée par les particuliers et les entreprises, et intégrée au prix final de l'essence, du gazole, du fioul ou du gaz naturel. Elle est aussi soumise à la TVA. Face à une révolte des Gilets jaunes, le gouvernement a renoncé à augmenter en 2019 cette contribution sur les émissions de CO_2 qui renchérit le prix des carburants

LES TAXES FONCIÈRES 59

I. LA TAXE FONCIÈRE SUR LES PROPRIÉTÉS BÂTIES

A. Le calcul de la taxe

1. Le caractère archaïque de la valeur cadastrale

La « valeur locative cadastrale » identifiée au 1er janvier de l'année représente le montant du loyer annuel que le propriétaire pourrait théoriquement obtenir de son bien, s'il le louait. On retire ensuite 50 % de charges fictives de ce montant, pour retenir le loyer net de charges. Et c'est sur cette valeur locative théorique qu'on applique un pourcentage d'imposition, voté par les collectivités locales.

2. Les exonérations applicables

Il existe de nombreuses exonérations totales ou partielles qui tiennent à l'affectation des biens comme certaines propriétés publiques, certaines installations affectées à la méthanisation agricole, aux ouvrages édifiés pour la distribution d'eau potable ou bien encore aux édifices affectés à l'exercice du culte. Les exonérations sont également fonction de la personne. Tel est le cas des titulaires de l'allocation de solidarité aux personnes âgées, des titulaires de l'allocation aux adultes handicapés ou bien encore des personnes âgées de plus de 75 ans en fonction des revenus perçus.

B. La réforme de la taxe

1. Une méthode déconnectée du marché

Réformer les bases de calcul de la taxe foncière sur les propriétés bâties est évidemment nécessaire compte tenu de l'obsolescence du système de calcul actuel de la « valeur locative cadastrale » déterminée en 1970. Cette dernière dépend du « revenu cadastral », lequel est arrêté en application d'une « méthode » combinant un ensemble de coefficients (suivant la situation du bien, l'année de construction, les matériaux utilisés, ses éléments de confort) et de correctifs qui, au fil du temps, est devenu une « usine à gaz ».

2. La mise à jour des valeurs réelles

Comment lisser les effets d'une telle réforme ? D'une part, une mesure relative à la temporalité de la réforme n'entrera en vigueur qu'en 2026 et l'évolution sera lissée sur une période de dix ans. D'autre part, la différence entre la valeur locative de 1970 et celle observée aujourd'hui doit être divisée par deux. Par exemple, si elle doit augmenter de 20 %, elle n'augmentera *in fine* « que » de 10 %.

II. LA TAXE FONCIÈRE SUR LES PROPRIÉTÉS NON BÂTIES

A. Le calcul de la taxe

1. La valeur cadastrale

La taxe foncière sur les propriétés non bâties est établie au 1er janvier de l'année d'après la valeur locative cadastrale de ces propriétés sous déduction de 20 % de son montant. Cependant, depuis la révision foncière de 1961, les valeurs locatives de la taxe sur le foncier non bâti n'ont été actualisées qu'une fois, en 1980. Elles résultent d'un tarif d'évaluation établi dans chaque commune par nature de culture ou de propriété.

2. Les dégrèvements applicables

Il existe de nombreux dégrèvements, notamment en matière agricole, en cas de disparition de la propriété non bâtie, en cas de perte de récolte, au profit d'un jeune agriculteur ou bien encore dans l'aire d'une association foncière pastorale.

B. Les exonérations

1. Les exonérations permanentes

Les exonérations permanentes concernent les propriétés et voies publiques mais également les sols et terrains assujettis à la taxe foncière sur les propriétés bâties, pour les terres agricoles situées en Corse et dans les DOM, et enfin les terrains plantés en oliviers.

2. Les exonérations temporaires

Les exonérations temporaires peuvent avoir été instituées de plein droit. Il s'agit pour l'essentiel des bois plantés, ensemencés ou replantés, des bois en nature de futaies et des terrains situés en zone Natura 2000. Il s'agit d'exonérations liées à la protection de l'environnement dans le cadre d'un développement durable. En outre, il existe des exonérations sur délibérations des collectivités territoriales d'une durée de huit ans, au titre par exemple des terrains nouvellement plantés en noyers ou bien encore des vergers et cultures fruitières d'arbres.

LA CONTRIBUTION ÉCONOMIQUE TERRITORIALE

60

I. LA COTISATION FONCIÈRE DES ENTREPRISES

A. Champ d'application

1. Un impôt sur le capital

La cotisation foncière des entreprises (CFE) est due au 1er janvier par les personnes physiques ou morales, les sociétés non dotées de la personnalité morale ou les fiduciaires pour leur activité exercée en vertu d'un contrat de fiducie qui exercent en France, à titre habituel, une activité professionnelle non salariée. En raison du caractère professionnel, cela exclut les activités sans but lucratif et les activités de gestion du patrimoine privé. La CFE est établie, dans la généralité des cas, dans chaque commune où le contribuable dispose de locaux

2. L'exercice d'une activité professionnelle

La notion d'exercice habituel d'une activité est génératrice de contentieux. Ainsi, les activités saisonnières (saison touristique, artistique ou sportive) sont imposables à la CFE, au même titre que l'opération consistant en un achat unique suivi de nombreuses ventes ou bien encore, pour les professions libérales, dès l'instant où le nombre d'actes effectués et l'importance des recettes correspondantes sont suffisants pour caractériser l'exercice habituel d'une profession. Seuls les actes isolés sont exemptés de contribution.

B. Les exonérations

1. Les exonérations permanentes

De nombreuses exonérations ont été instituées au profit d'exploitants agricoles, d'une activité de méthanisation agricole ou bien encore d'une location meuble de son habitation principale. Il en va de même pour les entreprises éditant des périodiques, journaux, revues, qui sont exonérées lorsque la partie littéraire, scientifique ou d'information forme le corps même de leurs publications, les annonces et la publicité ne constituant qu'un accessoire de celles-ci. Au titre des activités culturelles, on peut citer les artistes et les établissements bénéficiant du label de librairie indépendante de référence.

2. Les exonérations temporaires

En matière d'aménagement du territoire, les entreprises nouvelles et les entreprises implantées dans les zones d'aide à finalité régionale bénéficient d'une exonération temporaire, et plus récemment les entreprises implantées dans les bassins urbains à dynamiser, y compris celles implantées dans le cadre d'une politique de la ville (quartier prioritaire de la ville…).

II. LA COTISATION SUR LA VALEUR AJOUTÉE DES ENTREPRISES

A. Le champ d'application

1. Un impôt sur l'outil de production

La cotisation sur la valeur ajoutée des entreprises (CVAE) est applicable aux entreprises qui sont situées dans le champ d'application de la CFE et dont le chiffre d'affaires réalisé au cours de la période de référence est supérieur à 152 500 €. Toutefois, seules les personnes physiques ou morales, les sociétés non dotées de la personnalité morale et les fiduciaires pour leur activité exercée en vertu d'un contrat de fiducie qui exercent à titre habituel une activité professionnelle non salariée et dont le chiffre d'affaires est supérieur à 500 000 € hors taxes doivent acquitter la CVAE.

2. La notion de valeur ajoutée

L'assiette de cette imposition en fonction de la détermination de la valeur ajoutée est ensuite répartie entre les différentes collectivités territoriales concernées par la localisation des activités de l'entreprise.

B. Le plafonnement et la réduction de la CET

1. Le plafonnement général

Les entreprises dont la CET est supérieure à 3 % de leur valeur ajoutée peuvent demander un dégrèvement sous la forme d'un plafonnement de la taxe.

2. Le dégrèvement pour réduction d'activité

En outre, en raison d'un décalage de deux ans dans la détermination des bases d'imposition, lorsque les bases de la CFE d'une entreprise sont, pour l'année de l'imposition, supérieures à celles qui sont retenues l'année suivante, un dégrèvement pour « réduction d'activité » peut être demandé.

ANNEXE

La loi de finances pour 2021

I. LA FISCALITÉ DES PARTICULIERS

A. La revalorisation en fonction de l'inflation

1. Une hausse modérée

Les seuils et limites du barème de l'IR pour les revenus de 2020, tels qu'adoptés en loi de finances l'an dernier, sont revalorisés de 0,2 %.

2. La stabilité des taux

Le législateur conserve cinq tranches allant de 0 % à 45 %. Parallèlement, les grilles de taux par défaut du prélèvement à la source sur les revenus réalisés en 2021 sont légèrement revalorisées.

3. Un crédit d'impôt pour tenir compte de la crise de Covid 19

Un crédit d'impôt est institué au profit des bailleurs (personnes physiques ou personnes morales de droit privé) qui consentent des abandons de loyer aux entreprises locataires les plus durement touchées par les conséquences des mesures restrictives prises par le gouvernement en vue de lutter contre l'épidémie de Covid 19.

B. Le verdissement de la fiscalité

1. La rénovation énergétique des bâtiments

Le crédit d'impôt pour la transition énergétique (Cite), qui arrive à échéance le 31 décembre 2020, ne serait pas reconduit mais remplacé par une prime versée par l'Agence nationale de l'habitat, en fonction des revenus du foyer fiscal (« MaPrimRénov »).

2. La décarbonisation des véhicules polluants

Le malus écologique se durcit en 2021, avec un abaissement du seuil de déclenchement (qui passe de 138 à 131 g/km de CO_2 dès 2021, puis à 123 g/km en 2022) et une hausse du plafond qui passe de 20 000 € à 40 000 € en 2021, puis à 50 000 € en 2022. Un crédit d'impôt spécifique en faveur de l'installation de bornes de recharge de véhicules électriques sur les places de stationnement résidentiel est instauré

II. LA FISCALITÉ DES ENTREPRISES

A. Renforcer la compétitivité des entreprises

1. La réévaluation libre des bilans

Entre 2020 et 2022, les entreprises sont temporairement autorisées à procéder, en neutralité fiscale, à une réévaluation libre de l'ensemble de leurs immobilisations corporelles et financières.

2. La simplification de la fiscalité des petites entreprises

Est progressivement réduite, avant sa suppression à compter de l'imposition des revenus de 2023, la majoration de 1,25 % prévue à l'article 158,7 du CGI sur les revenus des titulaires de BIC, BNC ou BA non adhérents d'un organisme de gestion agréé ou qui ne font pas appel à un professionnel de l'expertise comptable autorisé par l'administration.

B. Renforcer la souveraineté économique des TPE/PME et ETI

1. Réévaluer le CIR

Des aménagements sont envisagés dans la mise à niveau numérique des équipements de production. L'innovation est un déterminant de cette politique. Parallèlement, le doublement de l'assiette du crédit d'impôt en cas de sous-traitance à des organismes publics est supprimé pour les dépenses exposées à compter de 2022.

2. L'internationalisation de la TVA

L'entrée en vigueur des règles TVA sur le commerce électronique fixées par l'article 147 de la loi de finances pour 2020 est repoussée au 1er juillet 2021. De plus, un régime facultatif de groupe est créé en matière de TVA à compter du 1er janvier 2023, pour les assujettis établis en France, ayant entre eux des liens financiers, économiques et organisationnels

C. Accompagner la rénovation énergétique

Les TPE et PME peuvent bénéficier d'un crédit d'impôt égal à 30 % des dépenses de rénovation énergétique de leurs locaux engagées à compter du 1er octobre 2020, dans la limite de 25 000 €. Le champ d'application est étendu : il s'agit des entreprises soumises à l'IR ou l'IS, propriétaires ou locataires de leurs locaux, qui engagent des travaux d'amélioration d'efficacité énergétique de leurs bâtiments (bureaux, commerces, entrepôts...).

III. LA FISCALITÉ LOCALE

A. La baisse des impôts de production

1. La réforme de la CET

La baisse du montant de la CVAE est réalisée par une réduction à 0,75 % (au lieu de 1,5 % actuellement) du taux d'imposition applicable aux entreprises dont le chiffre d'affaires est supérieur à 50 millions d'euros et une réduction de moitié du taux d'imposition variable selon le chiffre d'affaires applicable aux entreprises dont le chiffre d'affaires est compris entre 500 000 € et 50 millions d'euros.

2. La réforme de la valeur locative des établissements industriels

La valeur locative des établissements industriels relevant de la méthode comptable est réduite de moitié à compter de 2021 par réduction des taux d'intérêt applicables au prix de revient, qui passeraient à 4 % pour les sols et terrains, et 6 % pour les constructions et installations.

B. La préservation de la biodiversité

1. La refonte de la taxe d'aménagement

L'aménagement des territoires donne la priorité à la lutte contre l'artificialisation des sols, en privilégiant la densification du bâti existant et en limitant l'étalement urbain. Sont ainsi exonérées de taxe les places de stationnement intégrées au bâti dans le plan vertical ou aménagées au-dessus ou en dessous des immeubles, qu'ils soient destinés au logement collectif, individuel, ou à une activité professionnelle.

2. La transition agro-écologique

Le développement d'une agriculture responsable est orienté en fonction de circuits courts et de la promotion des systèmes de production à moindre impact environnemental. Des mesures fiscales spécifiques sont adaptées à la modernisation de cette agriculture.

Imprimé en France en mars 2021
par l'Imprimerie Maury S.A.S. à Millau (12)
N° d'impression : C21/60502D
Dépôt légal : mars 2021